CHURCHILL
& SON TEMPS

Conception :
Jean-Louis Blanc, Nicole Verrechia
Texte : Jean-Louis Blanc
Direction artistique : Nicole Verrechia

Collection créée par Dominique Gaussen et Patrick Henry
Dirigée par Dominique Gaussen.

MANGO DOCUMENT

聞者不若見之

“Une image vaut mille mots.”

Xun Zi (313-238 av. J.-C.)

中耀書荀子語錄

Sommaire

En 1870, l'Angleterre fournit le tiers de la production mondiale de produits manufacturés. Sa flotte est la première du monde. Son commerce extérieur dépasse celui de la France, de l'Allemagne et de l'Italie réunies.

Le monde à la fin du XIXe siècle

PAS UNE TERRE QUI NE CONNAISSE LA PATTE DE L'ANGLETERRE

En 1874, année de la naissance de Churchill, cela fait presque 300 ans que le lion britannique rugit au-delà des mers. Or ni l'Inde, ni le Canada, ni l'Australie n'ont suffi à l'appétit du royal félin. Il veut, il va dévorer le monde.

Appuyé sur la Bible et les régiments de Sa Majesté, voici que s'avance le prédateur, sa flotte chargée ras les sabords, débarquant ici – Ceylan, Sumatra, Birmanie – cotonnades, armes, machines ; embarquant là – Afrique de l'Est – le thé, la girofle, l'ivoire ; remplissant ailleurs – Honduras, Guyane – ses soutes d'acajou, de sucre, de café. Tantôt, c'est le Brésil qu'il ruine en lui arrachant l'hévéa qu'aussitôt il replante en Malaisie, tantôt c'est le Transvaal, son or et ses diamants qu'il soustrait aux Boers. L'Égypte ? Avalée à la barbe des Turcs. Le Canal de Suez ? Raflé au Coq gaulois. Le Sud-Soudan ? Encore pan ! sur le bec du volatile. Et d'égrener, de Singapour à Aden, de Hong-Kong à Zanzibar, d'Accra aux Fidji, les comptoirs, les concessions, les banques. Pas une jungle, pas un désert où sur des rails en bon acier de Sheffield ne roulent des locos *made in Birmingham*. Des fermes immenses naissent au Kenya, l'Inde se couvre d'usines, les deux tiers du charbon mondial sont anglais.

Bombay, Sydney, Salisbury embaument la livre sterling. Et pendant que Rudyard Kipling chante la grandeur de l'Angleterre, chacun s'abandonne sans complexe à la douceur de vivre. On est là pour des siècles, on a tous les domestiques que l'on veut, tout n'est qu'ordre et volupté, farniente, polo, chasses, bals, alcools…

Féroce, le lion victorien ? Pas vraiment. Oh ! bien sûr, dès qu'on lui agace un peu trop les moustaches – une révolte par-ci, une émeute par-là – vite ! deux ou trois brigades n'ayant pas froid aux yeux, et le tour est joué. Aux Cipayes, aux Derviches, aux Pathans… Les Boers ? Là, pas d'hésitation : les camps de concentration.

Mais le fauve est un réaliste, il sait rentrer ses griffes. Pourquoi renverser les potentats ? Quel intérêt à détruire les élites, les traditions ? Conservateur pour lui-même, il l'est pour ses conquêtes, dont il s'assure la soumission plus par l'éclat de sa Couronne que par l'éclair de son sabre. Respecter les peuples pour mieux s'en faire aimer : admirable politique, fondatrice du plus vaste empire que vit jamais l'Histoire. L'Empire britannique.

VICTORIA. UNE

REINE SUPPORTÉE PAR TOUT UN PEUPLE

En Angleterre, le culte de la hiérarchie est un sport national. L'Anglais aime à se pencher vers le bas pour mieux se sentir "au-dessus", à l'aise dans sa position sociale. Le moindre cocher du haut de son *cab* est ravi de voir suer le cireur sur les bottines bourgeoises, lesquelles ignorent les croquenots prolétariens qui, eux, n'ont que mépris pour les sabots du SDF. "Inégalité, Autorité, Férocité", telle est la loi d'airain d'un pays séparé en clans, où le mot même de révolution révulse les esprits. Ici, chacun reste à sa place. Pas de contestation à la française, nul ne songe à chasser le duc de son carrosse, seul le parvenu rêve d'une place à ses côtés. Mais escaladons la pyramide.

À la base, la *working class*. Autrement dit, l'ensemble du prolétariat ouvrier et agricole. Cinquante-six heures de travail par semaine à l'usine, la filature, le grand domaine. Moins de 100 livres par an. Malnutrition, précarité, mortalité effrayante.

Au-dessus, la *middle class*. La, ou plutôt "les" classes moyennes.

1. *Lower middle* : petite bourgeoisie d'employés, artisans, commerçants. 200 livres. Petit confort, petite vie. Son ambition : se distinguer du bas peuple.

2. *Middle middle* : la bonne bourgeoisie. Notaires, ingénieurs, médecins, etc. 800 livres. Jolie maison, enfants bien élevés, mœurs irréprochables.

3. *Upper middle* : les milieux d'affaires, moteurs et principaux bénéficiaires de l'expansion. Chaque jour plus riches, plus conscients de leurs forces, plus *snobs*[1].

Enfin, la *upper class*. Elle aussi se divise en trois.

1. *Squirearchy*, petite noblesse aisée.

2. *Gentry*, bonne noblesse riche.

3. *Aristocracy*, grande noblesse richissime.

En tout 50 000 ducs, marquis, comtes, vicomtes, barons, lords, baronets et autres squires et leurs familles, vivant exclusivement sur et de leurs *acres*[2]. Alors que le Royaume entre à grands pas dans le monde moderne avec la Révolution Industrielle, les nobles restent les gardiens de la vielle Angleterre rurale ; ils siègent à la Chambre des Lords, au Gouvernement, à l'Amirauté, et leur prestige auprès du peuple est à la mesure de leurs fortunes. Immense.

Et voici Victoria. Déjà 37 ans de règne en 1874, et 13 de veuvage du pauvre Albert[3]. Elle a appris son métier de Reine : l'autoritaire écoute, la réactionnaire comprend son temps, la souveraine réussit si bien à fortifier l'amour de ses sujets pour la Couronne qu'à sa mort en 1901, on la pleurera autant dans les palais de Belgravia qu'au fond des *slums*[4] de Whitechapel.

1 *Snob*. Abréviations des mots latins *sine nobilitate* : non noble, note figurant à la suite du nom des personnes roturières dans les anciens annuaires mondains. Par dérivation, le mot désigne une personne ayant la prétention de vouloir imiter les modes et les façons de la haute société.

2 *Acre*. Mesure agraire anglaise inférieure au demi-hectare, soit 4 046 mètres carrés.

3 Albert de Saxe-Cobourg-Gotha, 1819-1861. Prince allemand, il épousa sa cousine Victoria en 1840. Il devint le conseiller très écouté de la Reine, laquelle lui conféra le titre de Prince Consort.

4 *Slums*. Les taudis. Whitechapel est l'un des quartiers les plus misérables de Londres, alors que Belgravia en est l'un des plus élégants.

UNE ARISTOCRATIE FLAMBOYANTE

À l'avènement d'Edouard VII en 1901, nul n'oserait hasarder quelque doute sur la puissance d'une noblesse qui "tient" le pays depuis dix siècles. Et pourtant... Si les *gentlemen of England* continuent d'être les maîtres absolus de la terre dont ils tirent leurs fantastiques revenus, s'ils restent les remparts du Trône et de l'Autel tandis que le peuple les adule pour leur magnificence, et que la bourgeoisie d'affaires leur offre ses filles en attendant de s'agréger à eux, leur ancestrale prééminence s'effrite.

Au-delà en effet de l'explosion de l'économie et de la *middle class* qui commence à montrer les dents, il a suffi de quelques mauvaises récoltes dans les années 1870-1880 pour que la gentilhommerie voie ses rentes amputées du quart, son prestige entamé, son pouvoir écorné. Finie la *country life* éternelle ! L'antique supériorité change de visage, le rang cède au mérite, l'esprit chevaleresque aux vertus boutiquières. Quelle grandeur cependant à la veille de cette décadence annoncée ! Quel panache face au luxe bourgeois ! Quelles gifles aux parvenus !

Car les revenus, même amaigris, sont toujours là. Lord Derby : 163 000 livres par an ; le Duc de Devonshire : 180 000 ; le marquis de Bute : 230 000 ! À 25 francs-or la livre, faites vos comptes... Notre influence nous échappe ? Déployons notre faste !

JETTE SES DERNIERS FEUX

Restons le phare qui à force d'éblouir dissimulera sa perte. Coûte que coûte… Les dépenses deviennent terrifiantes. Mais pour un Lord Walsingham qui se ruine à suivre le train infernal du roi, combien de fortunes demeurent inébranlables en dépit des armées de domestiques, des palais sur Hyde Park, sur la Riviera, en Écosse, à Venise, des chasses continuelles, des écuries de courses, des safaris au tigre qui durent des mois, des bateaux, des bamboches à Paris, sans parler des garde-robes somptueuses ou du jeu démentiel. Et puis il y a les fêtes. Tous les soirs de la *Season*, les plus grands noms d'Angleterre, les Curzon, Northumberland, Norfolk, Grosvenor, Lansdowne, Harcourt, Londonderry et autres Churchill se retrouvent dans un ruissellement de champagne et de diamants, parmi les commodes arrachées à Versailles, les antiques à Pompéi, les Guardi, les Vélasquez, les Rembrandt.

Dehors, la foule exulte… Et que dire d'un Westminster, riche entre les riches, qui s'offre un trois-mâts en guise de yacht ?

D'un Atholl, duc écossais, et de son armée privée ? D'un marquis de Ripon, le plus grand fusil de tous les temps, lequel inscrivit 556 813 pièces à son tableau ?

Hélas ! Quelques années encore et ce feu d'artifices s'éteindra dans les flammes de 1914…

BIEN NAÎTRE OU NE PAS ÊTRE, TELLE EST LA QUESTION

Vingt-neuf novembre 1876. Grand bal au château de Blenheim, chez le septième Duc de Marlborough. Point de mire de tous les monocles, les yeux de braise d'une beauté qui valse en riant aux éclats.

Les yeux mais aussi le ventre, étrangement arrondi. Soudain, les douleurs ! On s'affole, on se presse, vite ! Il faut emmener la valseuse à sa chambre. Hélas, au bout de quelques pas, elle s'évanouit. Quelqu'un avise le vestiaire du bal, on écarte les zibelines et les boas et, huit heures de douleurs plus tard, le 30 novembre à 1 h 30 du matin, Winston Leonard Spencer-Churchill, fils de Lord Randolph et Lady Jennie, futur Premier ministre de Sa Majesté, voit le jour dans l'obscurité.

Le monde crut à une naissance prématurée, sur laquelle Winston laissa toute sa vie planer le doute, ravi de la farce au point de déclarer un jour : "Bien que présent en la circonstance, mes souvenirs ne sont pas clairs quant aux événements qui l'ont précédée."

BLENHEIM. PAS LAID, LE PALAIS !
Si le bébé revient de loin, il descend de haut. Entre autres, de John Churchill, 1650-1722, général fait Duc de Marlborough en 1702, et qui s'ingénia toute sa vie à battre les Français, par exemple le 13 août 1704 en Bavière, à Blenheim. Le Roi fut si content qu'il le récompensa en lui offrant Bladon, l'un des plus magnifiques palais du Royaume – 3 hectares de toitures, 320 pièces, une bibliothèque, **"the longest room in England"**, ***de 60 mètres, un parc de 1 400 hectares –, demeure que le duc s'empressa de rebaptiser du nom de sa victoire.***

WINSTON, THE YANKEE MARLBOROUGH

Le premier duc n'ayant pas d'héritier mâle, le titre échut au fils de l'une de ses filles mariée à un comte Spencer. D'autres ducs passèrent et trépassèrent jusqu'à ce que le cinquième décide, en 1817, de s'appeler Spencer-Churchill afin de maintenir le nom du premier. Son autre titre de gloire fut de ruiner la famille en jardins. Quant au sixième duc, il perdit les débris de la fortune au jeu. Arrive John-Winston, septième duc, lequel restaure les Marlborough dans leur gloire et leurs finances. Il a deux fils : l'aîné, George, un viveur, héritera du titre et des biens, tandis que Randolph, le père de notre Winston, entamera une carrière politique qu'il ne pourra mener à bien : il est syphilitique.

Lord Randolph est un aristocrate dans l'âme, âme qu'il a d'ailleurs fort sèche même s'il boit beaucoup pour oublier son mal.

Jennie, la maman ? Une Américaine, fille de Leonard Jerome, un affairiste de New York plusieurs fois ruiné. On murmure qu'elle a du sang indien. Randolph la rencontre à un bal. Elle a 19 ans, des yeux et des épaules à damner l'archevêque de Canterbury. Randy s'enflamme. Son frère le duc a beau freiner des quatre fers – pensez-donc, une "*Yank*" ! – rien n'y fait : ils se marient le 15 avril 1874. Mondaine jusqu'au bout des ongles, c'est-à-dire sans âme, intelligente et ambitieuse, Jennie n'aura réussi qu'un seul véritable exploit dans sa vie : son fils.

NEVER EXPLAIN,

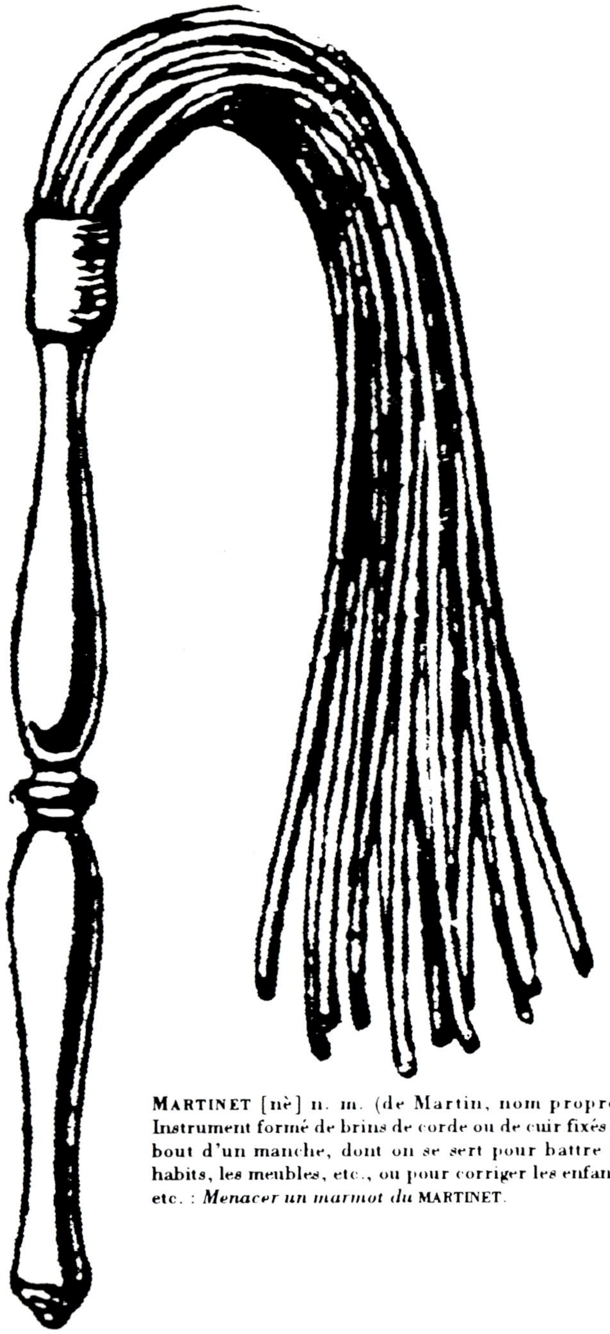

MARTINET [nè] n. m. (de Martin, nom propre). Instrument formé de brins de corde ou de cuir fixés au bout d'un manche, dont on se sert pour battre les habits, les meubles, etc., ou pour corriger les enfants, etc. : *Menacer un marmot du* MARTINET.

Un jour de l'été 1884, Mrs Everest, la *nanny* adorée, découvre sur les fesses de Winston d'horribles marques. Le sang a coulé, les plaies sont à vif. Stupeur des parents : le garçon ne s'est jamais expliqué, jamais plaint... D'autant que le principal de Saint-George, à Ascot, la "*prep*" – école préparatoire – où sévit Winston depuis deux ans, n'en était sans doute pas à sa première séance de *caning*, une punition consistant en coups de canne plus ou moins nombreux selon la gravité de la faute, et donnés devant les camarades pour plus... d'efficacité.

Décision : l'enfant est expédié dans une pension à Brighton. Là, catastrophe ! Sous la férule désinvolte de deux vieilles filles, Winston sombre dans la nullité. Ce qui ne l'empêche pas, le 16 mars 1888, et en dépit d'une page qu'il rend blanche à l'épreuve de latin, de réussir l'examen d'entrée à Harrow, une école secondaire privée qu'on appelle en Angleterre une *public school* dans laquelle se forme la future élite du pays. Mr Welldon, le directeur, a bien voulu fermer les yeux. Il est vrai que d'avoir un Marlborough pour cancre, cela vous classe tout de même une école...

Harrow est peut-être l'une des *Sacred nine*, l'une des 9 plus prestigieuses usines à fabriquer du *gentleman* d'Angleterre mais Winston s'y ennuie. Les copains ? Débiles. Le sport ? Du vent. Le latin ? Odieux. On le rejette, on l'isole. Mais celui qu'on appellera un jour le *Bulldog* se fait déjà les dents. À un préfet qui vient de lui administrer la garcette, et qui lui déclare : "Churchill, j'ai de sérieuses raisons d'être mécontent de vous", le jeune flagellé rétorque sans baisser les yeux : "Ah, Monsieur, j'ai moi-même de graves raisons de l'être de vous !". Il perd ses livres, oublie les horaires, rêve. Un jour, ce sont des pétards

1. Coldstream guards (tambour). – 2. Dragoon guards. – 3. Grenadier guards. – 4. Scots guards (piper). – 5. Dragoons. – 6. Coldstream guards (tenue de campagne). – 7. Scots greys. – 8. Coldstream guards (petite tenue). – 9. Horse guards. – 10. Officier d'état-major. – 11. Aide de camp. – 12. Général. – 13. Life guards. – 14. Officier de volontaires. – 15. Artillerie de forteresse. – 16. Artillerie de campagne. – 17. Régiment de Leicestershire. – 18. Régiment de Liverpool. – 19. Artillerie à cheval. – 20. King's Royal Rifles (tenue de campagne). – 21. Rifle brigade (lieutenant). – 22. Hussard.

NEVER COMPLAIN

de sa confection qu'il fait exploser dans un puits. Un autre, c'est sa vieille *nanny*, venue le visiter à Harrow, que cet insensé a le fol courage d'embrasser en pleine rue sous les lazzi.

Déjà, il pratique en maître cet art éminemment aristocratique : déplaire. Sa mère, qu'il vénère, il l'exaspère ; son père, qu'il admire, ignore cet ignare. Ses prouesses ? Gagner un tournoi d'escrime et, un certain soir, réciter d'un seul jet devant ses maîtres abasourdis un poème de 1200 vers ! Autre performance : alors qu'il villégiature à Bournemouth, son frère Jack et un cousin veulent le capturer à la course. Les deux larrons se divisent, l'un au bout d'un pont, l'autre à l'opposé. Winston est au milieu. Fait comme un rat ? Il remarque un sapin dont la cime dépasse du parapet, enjambe aussitôt ce dernier, se jette vers l'arbre, pensant que les branches ralentiront sa chute... Raté ! Il s'écrase dix mètres plus bas, un rein éclaté. Des mois de souffrance ne lui tireront pas une larme. *Never explain, never complain...*

LES PUBLIC SCHOOLS. INTERDITES AU PUBLIC.

Mission des *public schools* : créer des *gentlemen*.
Clientèle : du fils de duc au rejeton de financier.
Tarifs : en conséquence.
Philosophie : l'intelligence n'est rien sans le caractère.
Méthode : le dressage au *public school spirit* – honneur, courage, impassibilité, bonnes manières et accent-maison.
Moyens : football-cricket-rugby pour la discipline collective ; escrime-équitation pour la maîtrise de soi.
Matières : langues, maths, histoire, etc.
Sanction : le *caning*.
Résultats : les futurs cracks de l'Angleterre.

CHARTER HOUSE SCHOOL. *Goldaming, Surrey. L'école existait déjà lorsque sa cravate fut crée en 1910. Le modèle à rayures étroites apparut en 1923.*

WESTMINSTER SCHOOL. *Dean's Yard, Londres. L'école appartenait à l'Abbaye depuis 1339 et fut refondée en 1561 par la reine Élisabeth Ire.*

RUGBY SCHOOL. *Rugby, Warvickshire. Fondée en 1567 par Lawrence, Sheriff (officier) de la Compagnie des épiciers.*

WINCHESTER SCHOOL. *Winchester, Hampshire. Fondé en 1382 par William of Wykeham, évêque de Winchester.*

ST PAUL'S SCHOOL. *West Kensington, Londres. Externat. Ancienne* grammar school *(comprendre : école secondaire). Attachée à la Cathédrale, elle fut refondée en 1509 par John Colet.*

MERCHANT TAYLOR'S SCHOOL. *Crosby, Liverpool. Externat. Fondée en 1620 par John Harrison, citoyen et marchand tailleur de Londres, dont le père était né à Crosby.*

HARROW SCHOOL. *Harrow, Middlesex. Fondée en 1571 par John Lyon. La cravate est exclusivement réservée aux anciens élèves depuis 1907.*

SHREWSBURY SCHOOL. *Shrewsbury, Shropshire (ancien comté de Salop). Fondée en 1552 par Edouard VI Tudor.*

ETON COLLEGE. *Windsor, Berckshire. Fondé en 1440 par Henri VI, Roi d'Angleterre et de France, couronné à Paris en 1431.*

1. Scottish rifles. – 2. Lanciers. 3. Cameron highlanders. 4. Lanciers. – 5. Highland Light Infantry – 6. Artillerie (volontaires). – 7. Gendarme de campagne. – 8. Highlanders (officier). – 9. Trail (officier). – 10. Royal Scots Fusiliers. – 11. Dragons de Berks (Yeomanry). – 12. Royal Welsh Fusiliers (officier). – 13. Officier de hussards. – 14. Officier de génie. – 15. Hussards du Yorkshire (Yeomanry). – 16. Amiral. – 17, 18. Volontaires. – 19. Troupes de l'Indes. – 20. Capitaine de Vaisseau. – 21. Volontaire. – 22. Régiment de West-India. – 23. Troupes de l'Inde.

WINSTON, CANCRE SURDOUÉ.

Winston déteste Harrow. Il accepte pourtant d'écrire dans L'Harrovian, le journal de l'école, mais c'est pour y incendier enseignement et enseignants. Il lit Thackeray, Wordsworth, Dickens. De Shakespeare, il sait des scènes entières, l'histoire le fascine mais les soldats de plomb – il en possède des milliers – sont sa passion. Il les range en ordre de bataille, bombarde l'ennemi à coups de petits pois, attaque, recule, fait tourner ses ailes, le voilà César à Pharsale, Marlborough à Blenheim, avant d'être Churchill à Londres, chef de guerre.

UN MILITAIRE FORT CIVIL

Papa est furieux. Que faire du crétin ? Un officier. C'est bien joli, le métier de soldat, encore faut-il passer par Sandhurst, l'ultra-sélect académie militaire anglaise, l'équivalent, en moins démocratique, de notre Saint-Cyr national.

À son troisième essai, Winston est reçu. 95e sur 289. Pas mal, mais trop peu pour viser l'infanterie, alors l'arme d'élite.

Ce sera donc la cavalerie. D'entrée, on le place au "peloton des arriérés", mais voilà que le demeuré se révèle si doué qu'il termine second au concours d'équitation de l'école ! En février 1895, Winston reçoit sa première affectation au 4e régiment de hussards, le chic du chic d'une cavalerie qui ne compte pas plus de 31 régiments dans tout l'Empire. Seule obligation pour le jeune officier : 3 heures de cheval et 20 minutes d'exercice par jour ! Solde : 120 livres par an, une misère quand on doit, comme tout officier de l'époque, payer soi-même ses chevaux, ses armes, ses uniformes, sans parler des frais faramineux de la vie mondaine. Mais qu'importe puisque papa finance !

Au programme de la journée, *breakfast* servi au lit par l'ordonnance en gants blancs, manège, déjeuner ; l'après-midi, polo, golf, tailleur ; le soir, dîner ou fête en ville. Le Londres de ce temps, c'est le paradis des *Naughty nineties* – les Crapuleuses années 1890 –, celui où le bel Oscar Wilde s'affiche avec le fils d'un marquis, celui de l'argent facile et des filles qui se décoincent, et dont les garçons, lorsque les mains s'égarent, découvrent avec une délicieuse émotion qu'elles ne dissimulent plus leur pudeur que sous une simple culotte ! Comme quoi, le *swinging London* – le "Londres qui balance" – ne date pas des Beatles ! Et la douce, la somptueuse nouba de continuer pour le jeune, selon sa mère, "égoïste, suffisant, brutal mais spirituel, audacieux et généreux" sous-lieutenant. Mais déjà, Winston s'apprête à faire parler de Churchill...

Frederick Burnaby par J.G. Tissot. 1870.

1895-1898. WINSTON DÉCOUVRE

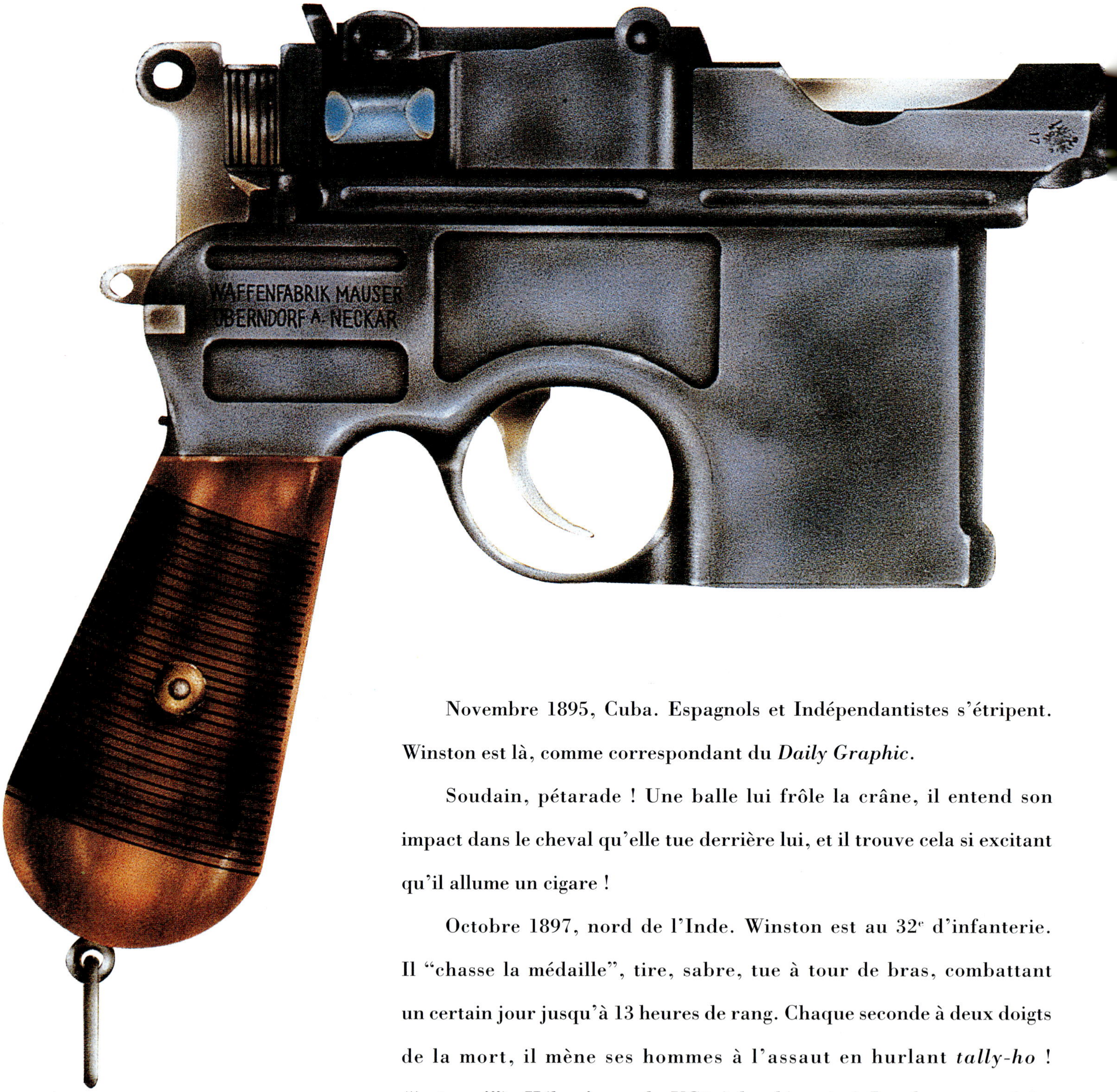

Novembre 1895, Cuba. Espagnols et Indépendantistes s'étripent. Winston est là, comme correspondant du *Daily Graphic*.

Soudain, pétarade ! Une balle lui frôle la crâne, il entend son impact dans le cheval qu'elle tue derrière lui, et il trouve cela si excitant qu'il allume un cigare !

Octobre 1897, nord de l'Inde. Winston est au 32e d'infanterie. Il "chasse la médaille", tire, sabre, tue à tour de bras, combattant un certain jour jusqu'à 13 heures de rang. Chaque seconde à deux doigts de la mort, il mène ses hommes à l'assaut en hurlant *tally-ho* ! ("taïaut !"). Hélas ! pas de VC* à la clé mais à Londres, ses récits des combats font un malheur.

La gloire militaire ! Winston en rêve. Justement, c'est la guerre au Soudan contre les partisans du Mahdi, le chef suprême des musulmans locaux. Mais Lord Kitchener, le commandant des troupes britanniques, qui considère le "petit" Churchill comme un parvenu, lui refuse

L'ODEUR QU'IL PRÉFÈRE, LA POUDRE

Mauser 96, du modèle qui sauva la vie à Churchill à Omdurman. De fabrication allemande, ce pistolet était en vente chez les armuriers les plus huppés de Londres. Chambré en calibre 7,63 m/m et doté d'un chargeur de 6 ou 10 cartouches, il est logé dans un étui-crosse qui le transforme en carabine légère. C'est une arme magnifique, extrêmement puissante et d'une très grande précision. Churchill se l'était offerte car, suite à une épaule démise lors d'une chute, il ne pouvait plus manier le sabre.

une affectation. Aussitôt Winston et sa mère font jouer leurs relations, et, quelques semaines plus tard, le voici sur place au 21e lanciers. Le 2 septembre 1898, c'est la fameuse bataille d'Omdurman, où les Mahdistes vont être écrasés. Lances basses, le régiment charge l'infanterie adverse lorsque tout à coup des cavaliers surgissent de derrière les dunes. Hurlant à la pointe de ses hommes, Winston fonce, son nouveau pistolet Mauser 96 au poing. Choc hallucinant. Les sabres volent, les têtes s'envolent, des corps s'ouvrent en deux. Winston tire, tire, abat sept hommes dont l'un à bout touchant. Sans arrêt, il recharge son arme... "Ce pistolet a été la meilleure chose du monde", écrit-il à sa mère.

Fin 1898, Afrique du Sud. Winston couvre la guerre des Boers pour le *Morning Post*. Les Boers sont des paysans d'origine hollandaise, allemande et française établis dans le pays depuis le XVIIe siècle, et qui ont décidé de se battre contre les tentatives d'hégémonie anglaise. On offre à Winston d'escorter un train blindé. Embuscade ! Un Boer pointe sa carabine, voilà Winston prisonnier. Il enrage, il veut fuir. Une nuit, il tente le coup par les latrines du camp. Ça marche ! Et c'est la gloire, une gloire mondiale qui l'accueille à Durban après un invraisemblable périple par le Mozambique. Churchill a percé sous Winston...

Reconstitution de l'embuscade du train blindé, illustration du *Daily News Weekly* du 25 novembre 1899.

**VC*. Abréviation pour "Victoria Cross", la plus haute distinction militaire anglaise, rarissimement accordée.

VICTORIA D: G: BRITANNIAR: REG: F: D:
Domine Salvam fac Reginam nostram Victoriam primam

LONDRES, CAPITALE DE TOUS LES CAPITAUX

Sous son épais manteau de *smog*[1], Londres rutile de tout l'or du monde. Elle est le premier port de la planète, sa première cliente et sa banquière. Elle prête au Tsar, au Kaiser, elle investit jusqu'au fond de l'Empire.

"En 1850, les investissements extérieurs de l'Angleterre sont de 210 millions de livres. En 1878, ils dépassent le milliard et en 1900, les 2,4 milliards."[2] "En 1900, le produit national brut (PNB) de l'Angleterre est le second après celui des États-Unis ; il passe de 2 milliards de livres cette année-là à 2,5 milliards en 1913. Entre 1900 et 1914, la croissance industrielle atteint 2 % par an. En 1914, la moitié des investissements étrangers dans le monde, soit 4 milliards de livres, est détenue par la Grande-Bretagne."[3]

En 1901, l'argent de ses placements lui rapporte 120 millions de livres par an, soit 7 % du revenu national... la *City*, le cœur financier de Londres, est une fourmilière de banques, d'établissements de crédit, de compagnies d'assurances, d'agents de change. Piliers de ce temple du capitalisme : la Banque d'Angleterre et le *Stock Exchange* – la Bourse. Vous sortez d'Eton ou de Harrow ? Vous vous habillez à Saville Row ? Il vous faut 100 000 livres, là, tout de suite ? Les voici. Garantie ? Votre parole... L'heure est en effet à l'intégrité discrète et absolue de messieurs en chapeau melon et parapluie roulé qui font de la finance comme ils font tout le reste. En *gentlemen*.

Do you speak Cockney ?

Il en bave 12 heures par jour à débarder le coton du côté des Docks. Le matin, on peut le voir, le dos plié sous les caques de harengs, au marché de Covent Garden. Demandez-lui une venelle perdue, son *cab* vous y conduira sans détour. Il a son propre *slang* (argot), il dit *Lendin* pour "London", *Moike* pour "Mike", ses tatanes sont des "plates", sa tronche, une "loaf". Il aime la Reine, les ducs et l'anguille en gelée. Il se ferait hacher pour l'Angleterre. C'est un cockney. Un titi.

1 *Smog*. Contraction de *smoke* (fumée), et de *fog* (brouillard). Désigne les émanations de charbon des cheminées mêlées à la brume qui recouvraient Londres en permanence.
2 François Bédarida
3 François-Charles Mougel

UN HOMME COUVERT D'UNE FEMME...

Question femmes, notre manieur de Mauser n'a rien d'un gros calibre. Devant elles, cet astre s'éteint, cet orateur bafouille.

On lui connaît une Mabel Love, théâtreuse de son état, une Pamela Plowden, rencontrée aux Indes, à qui il fait la cour à dos d'éléphant, une Ethel Barrymore, autre actrice, laquelle préfère sa carrière à ses avances, et enfin Muriel Wilson, fille d'armateur, qui les décline itou. Mais il faut une femme au Ministre du Commerce*, si possible née dans le beau linge. Jennie et une amie, Lady Blanche Hozier, arrangent l'affaire, et par un beau dimanche d'avril 1908, Winston rencontre Clementine. Superbe plante de 23 ans, Clementine Hozier a le sang aussi bleu que les yeux : elle descend des comtes d'Airlie. 12 août : Winston lui fait sa déclaration. 12 septembre : il l'épouse à Westminster. Cadeau du Roi ? Royal : un jonc à pommeau d'or avec dédicace gravée "À mon plus jeune ministre". D'un cœur aussi vaste que l'intelligence, "Clemmie" va devenir l'amie, la protectrice sous l'aile de qui Winston puisera des forces à chaque fois que tenteront de l'abattre ses adversaires politiques ou les dépressions nerveuses – ses "*black dogs*", comme il dit –, auxquelles il est parfois sujet. Malgré la romance qu'elle vivra en février 1935 avec un beau courtier en art, ils resteront unis à jamais. Ils auront cinq enfants : Diana, Randolph, Sarah, Marigold (morte à l'âge de 3 ans en 1921) et Mary.

Clementine est pour le vote des femmes, Winston contre. Pourquoi leur donner ce droit puisqu'avec la voix de leur mari, elles le possèdent déjà ? L'époux n'est-il pas, de par la loi, le représentant de l'opinion du ménage ? Oui, mais si l'opinion de l'épouse diffère ? Au mari de convaincre sa femme ! répliquent les anti-féministes. Bientôt, c'est l'explosion. Les suffragettes de Mrs Christabel Panckurst, fondatrice en 1903 du WSPU (Union sociale et politique des femmes) descendent dans la rue. En 1909, une harpie frappe Winston au visage d'un coup de fouet, Clementine et ses enfants eux-mêmes sont menacés.

Provocations et manifestations se multiplient. "Stop à l'arrogance mâle !", "Égalité des droits !", "Vive l'amour libre !", vocifèrent les bourgeoises en furie. Les bâtons de la London Police s'en donnent à cœur joie dans les capelines ! Mais voilà que le mouvement s'effondre sous ses excès. Les féministes auraient-elles perdu leur combat ? "Heureusement", la guerre éclate. Et pendant que derrière leurs parapets les hommes défendent la patrie au bout du fusil, derrière les charrues ou les tours à obus les femmes d'Angleterre tiennent le pays à bout de bras. Récompense : le droit de vote en 1918.

* *Ministre du Commerce*. En avril 1908, Churchill avait été nommé à ce poste dans le cabinet dirigé par le Premier ministre Asquith

ET POURTANT, ÇA BOUGE DANS LE SEXE !

THE GRAPHIC
ILLUST
"STRONGEST AND BEST."
-and there is every reason to believe
do so—they can neither be caught nor
W. S. C.
THE CHARTWELL TRUST
THE INSURRECTION IN CUBA.
LETTERS FROM THE FRONT.—IV.
THE "BATTLE" OF LA REFORMA.
(FROM OUR OWN CORRESPONDENT.)
CIENFUEGOS, December 4th.
On November 30th, at 5 a.m.
manded by General Suarez Valdes
Arroyo Blanco, with the intention
possible, of fighting the insurg
Maximo Gomez, were reported to
The
Times.
LONDON, MONDAY, MARCH 17, 1913.
In The South African Light Horse: 1899
To the South African War he went as special correspondent, but could not resist taking part in the fighting. He was made prisoner, escaped, joined up with the South African Light Horse.
Daily Mai
THE TIMES
WEEKLY EDITION
LONDON WEDNESDAY DECEMBER
The Illustrated London News, August 17, 1918.
BEST WA
PICTURES.
THE ILLU
LONDO
TIPPERARY
A WOMAN CAPTURES GERMAN
His Gun
he Daily Telegrap

REPORTER, ÇA RAPPORTE

Avec quoi garnir son estomac quand on est si peu payé pour sabrer celui des autres ? Avec sa plume. Or, est-il encre plus lucrative que le sang des batailles, surtout quand elle s'imprime à la une des journaux ? Un règlement interdit bien aux officiers d'être correspondants de guerre, mais l'ancien disciplinaire d'Harrow n'a aucune peine à se procurer les nécessaires et rapides signatures... Cette plume, bientôt tout *Fleet Street*[1] se l'arrache. Le *Daily Graphic* offre 25 livres par dépêche de Cuba, le *Daily Telegraph* 5 livres par colonne depuis l'Inde, le *Morning Post* 15 livres par article envoyé du Soudan, *le Post*, encore, 250 livres par mois pour couvrir l'Afrique du Sud, tous frais payés. Là, Winston exulte ! Dès sa première note, il justifie tranquillement 33 bouteilles de champagne, 18 de saint-émilion, 10 de whisky, 12 de cordial, 6 de porto, 6 de vermouth, 6 de cognac... Si le pittoresque et l'humour marquent ses reportages, il est un autre liquide où Winston aime à tremper la fameuse plume : le vitriol. Les hauts-galonnés de l'état-major en prennent plein leur (in)suffisance, et l'acide churchillien fait de tels ravages qu'on va chercher à faire taire le casseur d'idoles. Trop tard ! Les lecteurs en redemandent, les tirages augmentent, les émoluments de Churchill à l'avenant, et celui-ci devient l'un des journalistes les mieux payés d'Angleterre. C'est heureux, car le train de vie du fils de lord désargenté devient abyssal ! Il faut payer, payer encore et toujours : maison de campagne à restaurer, filles à doter, dettes du fils à régler mais aussi les cigares, le champagne, le jeu, les tablées de dix invités presque tous les soirs, les sous-vêtements en soie qu'exige la peau de bébé de Monsieur, sans parler des deux secrétaires, du maître d'hôtel, de la cuisinière, du jardinier, du chauffeur, des Rolls, des fastueux appartements de Londres, etc. En 1929, pour 22 articles triomphalement intitulés "Impressions d'Amérique", Winston parvient à arracher 40 000 livres à Mr Hearst[2] soi-même !

En octobre de la même année, Wall Street[3], la bourse de New York, où Winston vient de jouer sa fortune, s'effondre et le ruine. La bonne plume aussitôt le remplume, lui rapportant par exemple 35 000 livres en 1931, soit près de 4 000 000 de nos francs ! Qui a dit que le journalisme ne nourrissait pas son homme ?

LA BBC : UN PARTI-PRIS D'OBJECTIVITÉ

En 1927, la British Broadcasting Corporation - BBC - obtient le monopole de la radio diffusion en Grande-Bretagne. Responsable de droit devant le Parlement, elle manifeste très tôt une indépendance qui lui attire le respect de tous et la haine de quelques-uns. En mai 1926, alors que la grève générale réduit les journaux au silence, Churchill, Ministre des Finances, tente de s'emparer de la mère des radios pour faire entendre la voix du gouvernement. Mais le Bulldog s'y cassera les crocs.

1 *Fleet Street*. Rue de Londres sur laquelle les principaux journaux de l'époque avaient pignon.

2 Hearst (William Randolph), 1863-1951. Journaliste et propriétaire de chaînes de journaux aux États-Unis, aussi colossalement riche qu'avare.

3 *Wall Street*. La rue de la Bourse, à New York. Désigne communément la Bourse elle-même. Son fameux "krach", qui vit la ruine de dizaines de millions d'entreprises et d'épargnants, marqua le début de la grande crise économique mondiale des années 30.

CHEVAL CROTTIN OU

1. *"Apprends à conduire !"*
2. *"Espèce d'enfoiré !"*
3. *"Bouge donc ta saloperie de caisse !"*
4. *"Va conduire en enfer, lavette !"*
5. *"Assassin !"*
6. *"Arrête de puer, espèce de pourri !"*
7. *"Espèce de tas de crottin !"*
8. *"Va péter ailleurs !"*
9. *"Bouge tes fesses !"*
10. *"Eh va donc, vieux canasson !"*
11. *"Fous-moi le camp, espèce de bourrique !"*

CHEVAL VAPEUR ?

L'Angleterre étant comme chacun sait la plus noble conquête du cheval, on comprend que l'automobile ait mis tant de temps à s'y imposer. Alors que partout, en France, en Italie, en Allemagne c'est l'explosion du moteur, il faut attendre 1896 et le *Red Flag Act* pour que sonne la fin de la "Réglementation limitant à 6 km/h la vitesse des véhicules à propulsion mécanique, et les obligeant à se faire précéder d'un drapeau rouge" ! Si bien qu'en 1913, on comptait à peine 106 000 des dits véhicules dans tout le Royaume… Mais si Messrs Rolls et Royce commencent à vendre leurs Silver Ghosts aux ducs et aux marquis, si bientôt les Daimler, les Austin, les Napier disputent le pavé de Knightsbridge aux *carts*, *cabs* et autres *coaches*, les innombrables écuries de Londres – les fameux *mews* – résisteront encore jusqu'à la fin des années 30 avant de céder l'exquis parfum du fumier à l'oxyde de carbone.

Le vrai royaume du Prince Consort : Albertopolis

Projet d'une cité des Arts et des Sciences voulu par Albert et développé jusqu'à nos jours, Albertopolis n'occupe que quelques acres au sud du quartier de Kensington, à Londres. Mais quelle concentration ! Victoria and Albert Museum, Albert Memorial, Albert Hall, Royal College of Music, Natural History Museum, Royal Geographical Society, Science Museum, Geological Museum, etc. Fans de musées, amusez-vous !

Les Préraphaélites : le Passé Décomposé

Alors qu'à Paris les impressionnistes révolutionnent la peinture, l'Angleterre s'offre cette étrange confrérie fondée par Millais, Hunt et Dante G. Rossetti. Moyen Âge d'opérette, toiles où le méticuleux le dispute au sinueux, chairs diaphanes et alanguies : c'est le triomphe du mièvre appuyé sur le mou.

Le groupe de Bloomsbury. À gauche toute !

Cénacle créé par la romancière Virginia Woolf (1882-1941), lequel réunissait dans ce quartier intello-branché de Londres la gauche-caviar entre 1907 et 1930. C'est de là qu'A. Huxley, J.M. Keynes, T.S. Eliot et autre B. Russel avancèrent les idées qui firent reculer le conformisme de l'époque.

La Wallace Collection. C'est Versailles !

Pourquoi cette fabuleuse collection londonienne regorgeant des Watteau, Boucher, Fragonard, Riesener qu'amassèrent les marquis de Hertford ne porte-t-elle pas leur nom ? Parce que le donateur en fut Sir Richard Wallace, bâtard du dernier. Et, accessoirement, bienfaiteur des Parisiens avec ses célèbres fontaines.

LONDRES. LA PLUS GRANDE SCÈNE DU MONDE

Les Anglais, "peuple si peu théâtral" (P. Morand), sont des fanatiques d'art dramatique. Dans les années 30, une trentaine de salles "officielles" et des dizaines de troupes "*off*" prospèrent. On vient jouer du monde entier, les Guitry, S. Bernhardt, Caruso, Chaliapine. Les acteurs sont adorés, invités à la Cour, anoblis. Comme on est loin du mépris bien français envers les comédiens…

Oscar Wilde, 1856-1900.
Homo, Sweet Homo
Le plus grand écrivain anglais à la fin du XIXe siècle. Coqueluche de la haute société éblouie par son charme et son élégance folle, il s'en fit haïr dès que fut révélée son homosexualité. L'auteur du Portrait de Dorian Gray *passa deux ans en prison, après quoi, déchu, exilé à Paris, "Oscar le dandy" mourut comme il avait vécu. Seul.*

Conan Doyle. Le roi Arthur de l'Édition
Un manoir dans la lande, la lune en deuil, un hurlement, du sang qui goutte… à vous de jouer, Holmes ! Et voilà 100 millions de lecteurs, fous d'angoisse, emportés par la virtuosité déductive du grand Sherlock. Ou plutôt celle de son père littéraire, Sir Arthur Conan Doyle, un simple médecin anobli pour sa conduite pendant la guerre des Boers et ses écrits militaires. Élémentaire…

Churchill.
Il en pince pour le pinceau
"Sans la peinture, je ne pourrais supporter toutes ces tensions", dira Winston. Des tensions d'ailleurs absentes de ses "œuvres". Qu'il peigne à Chartwell, sa maison de campagne, ou sur les canaux d'Amsterdam, à Marrakech ou à Madère, c'est toujours la même fraîcheur, le même amour des eaux, des bêtes, des fleurs qui déborde de son âme étonnamment contemplative. La cote du "maître" ? Le 4 mars 1977, une de ses toiles est vendue 48 000 livres. Mais c'était à un Américain…

SO YOU GO INTO POLITICS ?

"La démocratie est le pire des régimes à l'exclusion de tous les autres." **Winston Churchill**

Depuis le milieu du XIXe siècle, la démocratie anglaise repose sur l'alternance des Conservateurs et des Libéraux, les anciens *Tories* et *Whigs* du XVIIIe siècle, noms dont on continue souvent de les affubler. En dépit de leurs divergences, ils partagent le même attachement à la Couronne ainsi qu'au système parlementaire, et sont l'un et l'autre réformistes.

Le parti conservateur

C'est la parti de l'aristocratie, mais il s'élargit sans cesse jusqu'aux couches les plus basses par la promotion du progrès matériel et social. Exaltant la Monarchie et l'Empire, il sait faire vibrer le peuple malgré ou à cause de ses accents réactionnaires. Les trois grands hommes du Parti restent Disraeli (1804-1881), Churchill, en dépit de son parcours zigzagoïde, et... Mrs Thatcher.

Le parti libéral

Représentant la *middle class* et les marginaux de tous poils, il signe de plus en plus de pactes "*Lib-Lab*" avec les travailleurs. Utilitariste et moralisateur, il exige la démocratie sociale. Ses plus illustres leaders restent Gladstone (1808-1898) et Lloyd George (1863-1945).

Le parti nationaliste irlandais

Quatre-vingts députés régulièrement réélus sur le programme du *Home Rule*, l'autonomie interne.

Le parti travailliste

Né en 1900 de la rencontre de sociétés de pensée socialistes avec des syndicats, le *Labour* finira par supplanter le parti libéral après 1945.

24 janvier 1895. Après 15 ans d'une vie politique fulgurante, Lord Randolph meurt fou. Déchirement pour Winston, le fils tant aimant et si peu aimé, mais qui aussitôt ramasse le flambeau que son père n'a pu porter plus loin sinon plus haut. Car c'est décidé : il fera de la politique. Ambitieux autant que généreux, l'intelligence armée d'une culture rare parmi les politiciens de son temps, mille ordinateurs en guise de mémoire, des nerfs en béton, un culot d'acier, l'opportunisme d'un caméléon, le tout servi par le plus beau carnet d'adresses d'Angleterre et une langue qui va en clouer plus d'une : il est paré. Ça tombe bien. Les Conservateurs, qui ont besoin d'orateurs, acceptent de tester ses talents dans un meeting à Bath. C'est un triomphe. Ok, lui déclarent, ravis, les caciques du parti, vous serez notre candidat à Oldham en décembre 1899. Mais, premier scrutin, premier échec... Sans perdre une seconde, Winston organise une vaste campagne basée sur ses aventures chez les Boers. Succès immédiat : le 10 octobre 1900, il réussit la performance peu commune d'entrer à 26 ans aux Communes. Mais bientôt les états d'âme assaillent celui qui n'est encore qu'un obscur *back bencher*[1] : il trouve que la politique sociale de Lord Salisbury, le Premier ministre conservateur, n'est pas assez... sociale. Marlborough se révèle démocrate ! D'ailleurs, il sent d'où vient le vent, c'est-à-dire des Libéraux, chez qui, premier retournement, il passe en mai 1904. Le Bulldog a vraiment eu du flair : aux élections de 1906, ils écrasent les Conservateurs, lui-même passant largement à Manchester. À nous, les portefeuilles ! Churchill prend celui de Vice-Ministre des Colonies dans le nouveau cabinet Elgin. Enfin la voie royale est ouverte... Avril 1907 : membre du Conseil privé du Roi ; avril 1908 : Ministre du Commerce dans le cabinet Asquith ; janvier 1910 : Ministre de l'Intérieur ; 24 octobre, apothéose : l'ex-stratège de soldats de plomb est nommé au poste prestigieux de Premier Lord de l'Amirauté. Ministre de la Marine à 36 ans... *Quousque non ascendet*[2] ?

1 *Back bencher*. Littéralement : "Celui qui se tient sur les bancs de derrière." Autrement dit : "le député, ou godillot, de base"...

2 *Quousque non ascendet ?* Célèbre devise empruntée à Nicolas Fouquet, et signifiant : "Jusqu'où ne montera-t-il pas ?" Fouquet en effet, surintendant des finances au tout début du règne de Louis XIV, avait fait une prodigieuse carrière... jusqu'à ce que le Roi décide de l'arrêter, et de l'emprisonner à vie.

1912-1922. LA VERTE IRLANDE PASSE AU ROUGE

Vers 1910, l'Irlande est une ruine. En 60 ans, 4 millions d'Irlandais sur 8 millions ont été emportés par la famine[1] ou l'émigration. Pas d'industrie, une agriculture abandonnée à 6 ou 700 lords venus d'Angleterre ou d'Écosse, et qui vivent sur de véritables *latifundiae*[2]. La haine nourrie par le désespoir suinte de tous les cœurs. Peut-il en être autrement quand la langue nationale, le gaélique, cède devant l'anglais ? Quand l'avenir est au Moyen Âge ? Quand les protestants du Nord, partisans du maintien de l'Île dans le giron britannique, ne rêvent que d'écorcher les catholiques du Sud qui, eux, veulent l'en détacher ? La guerre est inévitable. L'argent, les armes ? Venus d'Amérique, d'Allemagne. Bientôt l'Anglais honni, le "Brit", est attaqué partout, les casernes sont mitraillées, les patrouilles harcelées, des bâtiments officiels flambent. Entre Irlandais des deux bords on s'enlève, on s'égorge. Au moindre soupçon de traîtrise le cousin tue le cousin, l'ami livre l'ami.

Seule denrée qui prospère en Irlande : la terreur. Soudain en mars 1916, les nationalistes attaquent à Dublin. L'armée mate la rébellion à coups de fusillades. Ça se calme, un peu. Printemps 1920, ça repart, et tandis que les Fénians – du mouvement indépendantiste Sinn Féin – nagent dans le sang, les Anglais jettent à leurs trousses la non moins terrible police des *Black and Tans*[3]. Qui va arrêter la tuerie ? Churchill. Nommé médiateur par le Premier ministre Lloyd George, Winston persuade les deux parties irlandaises de rencontrer l'anglaise. On négocie, et en mars 1922, Churchill peut annoncer la paix. L'Irlande du Sud – l'Eire – est libre ; mais l'Ulster – l'Irlande du Nord – reste attachée à la Couronne. Cinquante ans plus tard, l'IRA remet ça...

1 *La famine*. Jusqu'en 1846, la pomme de terre nourrit l'Irlande. Puis une maladie venue d'Amérique éradique en 3 ans le précieux tubercule. Pour les Irlandais, c'est le commencement de la faim...

2 *Latifundia*. Mot latin signifiant : "Très grand domaine agricole".

3 *Black and Tans*. Auxiliaires de police spécialement formés au maintien de l'ordre, et qui répondent "dans les mêmes termes" aux exactions des terroristes indépendantistes. Leurs uniformes étaient noir et brun, d'où leur nom.

JOHN BOYCOTT

Dans les années 1880, Lord Erne, l'un des plus grands propriétaires terriens d'Irlande, a pour intendant de ses domaines un ex-officier, le capitaine John Boycott. Tout le contraire d'un plaisantin... Entres autres tâches, ce Boycott a pour mission d'engager des ouvriers agricoles au moment des labours, des moissons, du bûcheronnage, etc. Or les journaliers, las des conditions de travail et de salaire très dures que leur impose le chef de culture, finissent par refuser ses propositions d'embauche. Ils décident de le "boycotter". Le boycott désigne donc le refus, l'isolement, le non-contact volontaire avec des produits, des lois ou des personnes.

DARDANELLES, 1915.
DES CUIRASSÉS EXPLOSENT, CHURCHILL SAUTE

Début 1915. Le Tsar appelle au secours. Déjà sévèrement étrillé par les Allemands, il voit avec angoisse leurs alliés turcs progresser vers le Caucase. "Emparons-nous de Constantinople !", s'écrie en réponse le Premier lord. Son plan ?

Vaincre les Turcs, traverser les Balkans terrorisés en remontant le Danube, puis enfin prendre le Kaiser à la fois de flanc et de dos. Résultat, le Tsar est sauvé, et dans un an la victoire est acquise aux Alliés. Parfait, mais avant d'entrer à Constantinople, il faut pouvoir y arriver, c'est-à-dire franchir les Dardanelles, ce détroit qui sépare la mer Égée de la Marmara, mer qui elle-même précède le Bosphore sur lequel est construite la capitale du Sultan. Large d'à peine 1 500 mètres en sa partie la plus étroite, bardé sur ses deux rives de forteresses en surplomb, le goulet est de plus infesté de mines. Y aller ? Ne pas y aller ? Au gouvernement comme à l'Amirauté, on est partagé sur l'opportunité d'une opération aussi risquée mais Churchill, sûr de son coup et sans le moindre appui terrestre, décide de foncer avec la seule flotte franco-anglaise.

Le 18 mars, celle-ci se lance, une flottille de dragueurs de mines en écran devant elle. Sans arrêt, ces derniers cisaillent des centaines d'orins* pour ouvrir un chenal à l'escadre qui avance dans un enfer de feu, muselant les forts avec ses 305. Soudain, explosion. Le *Bouvet* ! Alerte aux mines dérivantes ! Instantanément, le cuirassé français chavire, L'*Inflexible* se casse en deux, puis c'est L'*Irrésistible* qui succombe tandis que L'*Océan* touche le fond. Demi-tour. Il faudrait des troupes pour nettoyer les côtes à mesure qu'on remonte le détroit. Elles débarquent 5 semaines plus tard. Trop tard. Les Turcs, réorganisés sous le commandement du général allemand Liman von Sanders, tiennent bon, la tête de pont alliée de Gallipoli n'est qu'une tête d'épingle. Le typhus et la malaria s'y mettent, on compte les morts par dizaines de milliers. À Londres la presse vitupère. Churchill ? "Un amateur !". Et sur la tête de Winston la casquette de Premier lord vacille. Le 25 mai, elle tombe.

COUPABLE OU INCAPABLE ? RESPONSABLE
Toute sa vie, Churchill traînera "l'affaire des Dardanelles" comme un boulet, ou plutôt une… mine contre quoi sa carrière manquera plusieurs fois se briser. Ne dit-il pas lui-même le 25 mai : "Je suis fini" ? Son plus grand tort fut de ne pas avoir su "pousser" immédiatement, envers et contre tous et en dépit des pertes, la remontée dans le goulet. La victoire était à portée de canon : le général allemand von Sanders, il l'avouera plus tard, n'avait plus au lendemain du 18 mars ni forts, ni obus, ni mines. Le Premier lord de l'amirauté perdit sa casquette, mais il porta le chapeau.

* *Orin.* Filin d'acier reliant la mine flottant entre deux eaux à son "crapaud", gueuse de plomb ancrée sur le fond et qui maintient l'engin en position à la profondeur voulue.

127

"IT'S A LONG WAY TO TIPPERARY..."

Anglais-Français, même combat : l'attaque à outrance. Pour "user" l'ennemi, dit-on dans les deux états-majors. Travail minant, en effet : 60 000 tommies tués le premier jour d'offensive sur la Somme en juillet 1916, 250 000 en quelques semaines dans les Flandres un an plus tard. Gain ? 8 kilomètres ! Des milliers de blessés, de typhiques, de fous sont rapatriés par trains de nuit, de peur qu'on ne voie "ça" à l'arrière. Churchill est accablé. Après 5 mois au feu comme colonel du 6e régiment de fusiliers écossais, il démissionne. "Usons les machines, pas les hommes !", tonne-t-il à la chambre. Plus il gueule, plus on l'engueule – "Quoi ! encore ce civil qui critique le haut commandement ?". Juillet 1917, revanche : Lloyd George, Premier ministre depuis fin 1916, nomme Churchill ministre de l'Armement.

Aussitôt la production s'envole, mitrailleuses : + 41 %, avions : + 40 %. Le 15 novembre, voulus, conçus, imposés par Churchill, 476 chars attaquent à Cambrai. Terreur de l'ennemi, réduit en bouillie dans ses tranchées, mais au bout de 10 kilomètres les monstres se font allumer au canon de 77. Demi-échec pour cet assaut, le premier de la guerre moderne, encore qu'il ait fait 10 000 prisonniers. Les usines Churchill tournent à plein pour armer les 48 divisions qui affluent des États-Unis. Ludendorff[1], le patron de l'armée allemande, très inquiet de la nouvelle et formidable alliance tommies-poilus-sammies, décide de la détruire avant sa montée en puissance. Le 28 mars 1918, 2 500 canons cassent le front à Arras, les groupes d'assaut s'infiltrent, ouvrent une brèche où l'ennemi s'engouffre, 300 000 Anglais sont tués en 8 jours mais leur sacrifice permet de brider la plaie *in extremis* – 48 kilomètres de large !... Le front se reforme. Arrive enfin le "jour de deuil de l'armée allemande" (Ludendorff). Le 8 août, 450 tanks[2] percent à l'est d'Amiens, et foncent.

Prochain arrêt, le 11 novembre...

1 Ludendorff (Erich, 1865-1937). Quartier-maître général de l'armée allemande, sous les ordres du commandant suprême, le général puis maréchal von Hindenburg.

2 *Tanks*. À la fois nom de code et surnom des nouveaux chars d'assaut, d'après leur ressemblance avec des réservoirs, des "tanks".

***Comparaison des pertes de la guerre.** Allemagne : 1 700 000 morts. Autriche-Hongrie : 1 200 000. Empire britannique : 900 000. États-Unis : 115 000. France : 1 350 000. Russie : 1 750 000.*

Londres n'est qu'une gigantesque fête.
"les parties fines avec mal aux cheveux
les canulars de Chelsea, où un danseur
parié de sauter par la fenêtre s'empala
grille ; les nuits en bateau sur la Tamise,
où les élégants plongent tout habillés ;
ides, où un jeune homme en robe de bal
aut d'un grand escalier de Bloomsbury,
l'échancrure de son corsage un bouquet
nidées qu'il changeait toutes les heures ;
rées gaies auxquelles il est chic d'inviter
elots et chômeurs ; les fêtes bolchevistes
lons nus, aux murs blancs crayonnés de
s en gros caractères... " (Paul Morand).
L'Angleterre fait l'amour jour et nuit
– 4 ans de manque à rattraper !
es de nuit pullulent, le champagne coule
chez Quaglino's, à l'Embassy, au Savoy.
s montent sur les tables chez les boyards
eurs palais pétersbourgeois par Lénine,
le prince Youssoupoff, l'un des hommes
es de l'ancienne Russie, donne des galas
arité pour les plus démunis d'entre eux,
partout on charlestonne, on fox-trotte,
e, Deauville est un faubourg de Mayfair,
ion Jack flotte sur les plus beaux yachts
era. La mode ? Adieu faux-culs, jupons,
culottes fendues ! Les seins se baladent,
bes font des corolles autour des cuisses,
aine Gabrielle Chanel fauche ses tweeds
amant le duc de Westminster, avant que
d'en faire des tailleurs marrants sous
de... Coco. Les cheveux raccourcissent
t les week-ends allongent, Garbo arrive,
Duke Ellington débarque...
C'était le temps des *Roaring twenties*,
les "Rugissantes années 20".
Nos Années folles.

1918-1928. LES SEINS RAPETISSENT, LES JAMBES GRANDISSENT, ET LES ROBES GLISSENT

DÎNER "À LA RUSSE"
CHEZ LE 4^{E} COMTE D'ONSLOW
POUR 16 INVITÉS, LE 9 JUIN 1875

Potages
Julienne. Purée de petits pois
Poissons
Saumon sauce tartare. Blanchaille
Entrées
Côtelettes de ris de veau à la Tina
Côtelettes d'agneau aux petit pois
Foies gras en aspic
Rôtis
Selle d'agneau. Chapons.
Jambon d'York. Levrauts. Cailles
Entremets
Crêpes froides. Gelée aux fraises
Boudin glacé aux abricots
Pailles de parmesan
Desserts
Glaces. Fruits

DÎNER
DU DIMANCHE
CHEZ ROBERT EGAN,
OUVRIER DU TEXTILE
POUR SA FEMME
ET SES 7 ENFANTS,
MARS 1900

Flétan frit
à la graisse de cheval
Pommes de terre
à l'eau
Marmelade

DÎNER
D'AUTOMNE
CHEZ JAMES ARMITAGE,
NOTAIRE, POUR 6 INVITÉS,
LE 5 OCTOBRE 1897

Potage
Soupe à la tortue
Entrée
Volaille à la béchamel
Rôtis
Poulet rôti
Côte de bœuf à la jardinière
Grousse
Dessert
Charlotte aux pommes.
Omelette sucrée
Pudding glacé

UN PAYS VRAIMENT CONSERVATEUR

En un royaume dont la devise pourrait être : "Pourquoi changer puisque ça marche ?", l'art de conserver atteint aussi des sommets dans la nourriture. Lorsque la mer vous entoure depuis la nuit des temps, quoi de plus naturel que de posséder d'innombrables recettes de saurissage pour le hareng ? De fumage pour l'églefin (haddock), l'anguille, le saumon ? De saumure pour le jambon d'York, du Suffolk, de Cornouailles ? Mère immortelle de la *Worcestershire sauce* et des *pickled onions*, virtuose de la *custard* et du *mango chutney*, sans pareille pour le fromage en pot – ah, le *stilton* ! – ou la confiture de gingembre, l'Angleterre gourmande illustre à merveille l'adage selon lequel la tradition, c'est un progrès qui a réussi.

BRIQUES ÉPIQUES ET TRUCS EN STUC

La plupart des houses, manors, mansions, halls, castles, priories *et autres* rectories *qui parsèment le sud et le sud-est de l'Angleterre appartiennent à deux époques principales. L'époque Tudor porte le nom de la dynastie dont le premier roi fut Henry VI, couronné en 1485, et le dernier Élisabeth Ire, morte en 1603. L'époque georgienne est celle des quatre rois George, qui se succédèrent de 1714 à 1830. Briques rouges, murs et tours crénelés, petites fenêtres à dormants blancs : c'est le Tudor. Stucs, portes avancées à colonnades classiques, grandes fenêtres à guillotines : c'est le Georgien.*

UN HOMME SUSPENDU À SON JARDIN

Premier souci du Défenseur de l'Empire : arrondir le sien. Et de racheter acre sur acre aux propriétés avoisinantes. Puis Churchill le franc-maçon prend la truelle. Pour de vrai et en champion : il fait du 90 briques à l'heure ! À son palmarès : deux villas, une maison de jeux, des centaines de mètres de clôture.*
Voici l'hydrolicien, de la boue jusqu'au cigare, qui détourne la Chart Well vers des lacs que vont peupler les oies sauvages et les carpes dorées. Mais à ce Versailles, il fallait un Le Nôtre, et bientôt les pommiers, les pruniers, les cognassiers s'alignent en superbes allées dans les prairies ; un jardin aquatique sort de terre, orné de rocailles cascadantes au milieu d'une forêt de bambous embaumée de roses... Autres délices en ce haut lieu de civilisation anglaise et gazonnée, un somptueux, un épatant jardin potager regorgeant d'asperges et de fraises, des troupeaux de cygnes noirs, des meutes de cochons, des armées de canards, des chevaux... Happiness is a garden.

* Churchill a été reçu dans la franc-maçonnerie le 24 mai 1901.

Au printemps 1922, Churchill apprend que Chartwell, un joli manoir Tudor au milieu d'un parc de 40 ha sis dans le Comté de Kent, est à vendre pour 5 500 livres. Il négocie, et emporte l'affaire pour 4 800 livres. Dix-huit ans de travaux et 28 000 livres plus tard, ce qui n'était que murailles branlantes dans un océan de ronces est devenu *Cosy Pig*, en français : “Cochon Douillet”, l'oasis où Churchill vient de vivre sa traversée du désert...

Winston à Chartwell ? Balzac finançant Versailles : 400 articles et 11 gros bouquins* ont payé le palais. Mais en cet ermitage princier, il n'y a pas qu'un forçat

CHARTWELL, TRUELLES ET RITUELS

des lettres qui dicte jusqu'à 4 000 mots par jour. Il y a le papa-poule. Il y a le dépressif qui s'enferme dans un mutisme de marbre. Il y a le buveur qui avale chaque jour trois ou quatre whiskies, cinq ou six coupes de Pol Roger, son champagne préféré, une ou deux bouteilles de bordeaux, quatre cognacs, "indispensables", dit-il, "à un régime équilibré", plus un dernier grand whisky avant de se coucher... pour dormir ! Il y a le jouisseur-provocateur qui, au sortir de ses deux bains prolongés par jour, se promène devant les bonnes vêtu de son seul cigare. Ah les cigares ! Les chers bâtons ont leur pièce personnelle, il y reposent à température, 3 000 environ, des *Romeo y Julieta* et des *Aroma de Cuba*, dont le nabab fume une dizaine par jour. Puis il y a l'hôte. Le Tout-Londres politico-mondain passe par la table churchilienne. La conversation y est aussi exquise que la chère, mais le dîner tourne quelquefois à la farce. Un soir, le maître de Chartwell n'exige-t-il pas de l'illustre général Freyberg qu'il se dévêtisse devant les convives pour leur faire admirer ses... 33 blessures !

* À lire entre autres *La Crise mondiale*, *La Vie de Marlborough* ou *Les Grands contemporains*, il est à se demander ce qui a pu motiver en 1953 la remise du prix Nobel de littérature à Churchill...

"EXCUSE ME, SIR, BUT ARE YOU READING THE PAPER YOU'RE SITTING ON?"

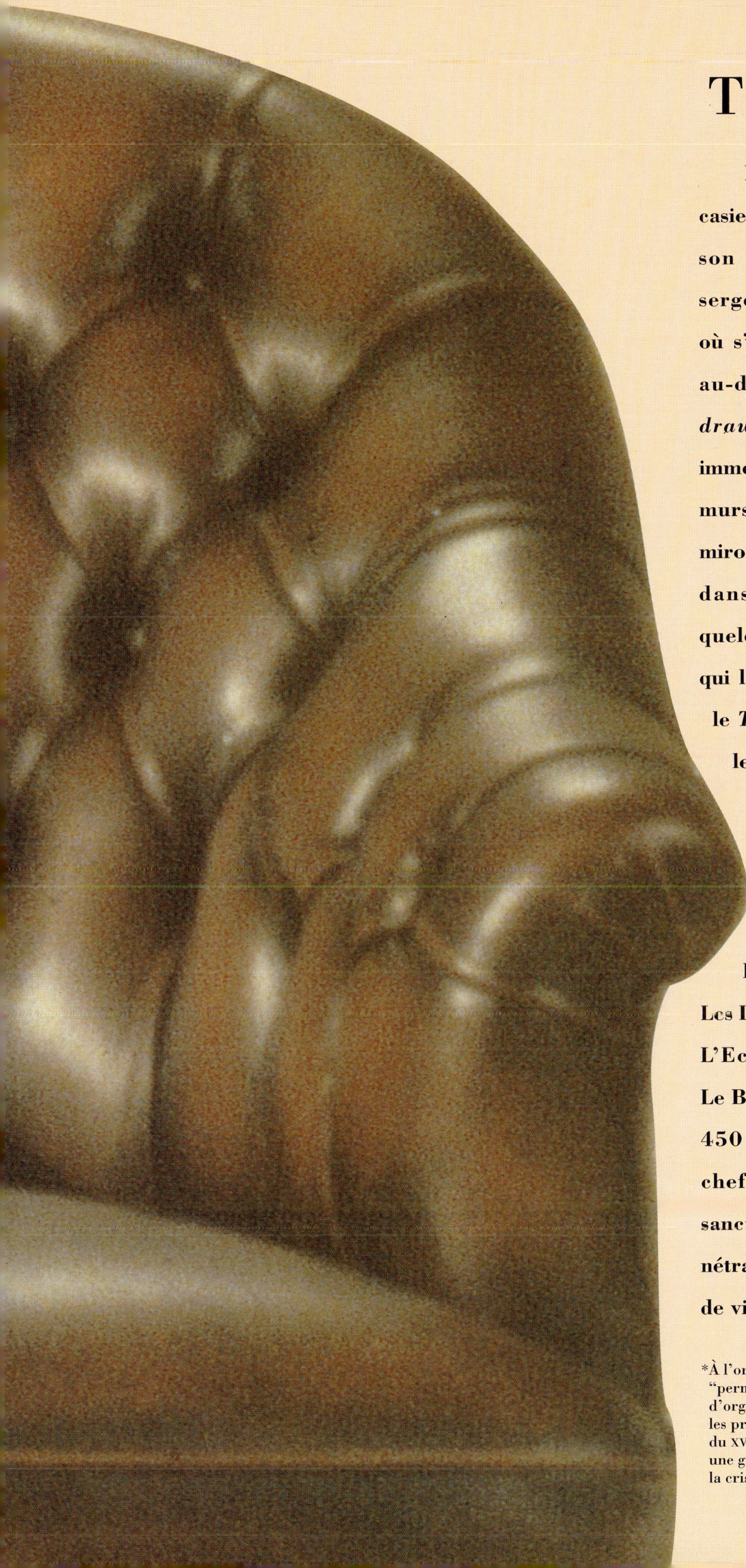

WELCOME TO THE CLUBS !

D'abord, l'*entrance hall* : vestiaire, casiers à lettres, grooms. Puis une porte pesant son acajou que vous entrouvre un vieux sergent à médailles. Voici la *dining-room*, où s'étire une table longue comme le Mall ; au-delà, les *morning*, *smoking* et autres *drawing-rooms* en enfilade. Cheminées, immenses. Moquette à ramages, fatiguée. Aux murs, du shintz. Vues de Venise, chevaux, miroirs Queen Anne. De loin en loin enfoncés dans leurs fauteuils, des personnages, quelques-uns hors d'âge comme le cognac qui leur tient compagnie, dodelinent derrière le *Times*. Le silence sent le haddock, le cuir, le havane froid... Il est 16 heures, vous êtes dans l'un des *gentlemen's clubs** qui fleurissent à Londres vers 1910 entre Saint James, Pall Mall et Piccadilly. L'Athenaeum ? Le club des évêques. Le Saville ? Les poètes. Le White's ? Les Lords. Le Saint-James ? Le comble du chic. L'Eccentric ? Comme son nom l'indique. Le Boodle's ? Le préféré de Winston... En tout 450 clubs – appartements privés, piscine, chef français pour les plus prestigieux –, sanctuaires quintessenciés d'ordinaire impénétrables aux non-membres, de l'art si anglais de vivre entre soi.

*À l'origine maisons de jeux, salons aristocratiques, "permanences" des partis politiques, simples sièges d'organisations professionnelles, sportives ou militaires, les premiers clubs apparurent dans la seconde partie du XVIIIe siècle. Ils se multiplièrent après 1815 et connurent une grande prospérité jusqu'aux années 30, époque où la crise économique en condamna un grand nombre au déclin.

LE BULLDOG

Un photographe
vient portraiturer Churchill le jour de ses 75 ans, et lui déclare :
– J'espère de tout cœur, Monsieur, venir vous photographier le jour de vos cent ans...
– Mais pourquoi pas ! Vous m'avez l'air relativement solide et résistant.

Sur Neville Chamberlain, Premier ministre de 1937 à 1940 :
– Monsieur Chamberlain aime beaucoup les travailleurs : il aime les voir travailler.

Au cours d'un dîner
où Churchill est assis à côté de Lady Astor, laquelle ne l'aime guère et ne perd jamais une occasion de lui être désagréable, celle-ci se penche vers Winston, et lui dit :
– Winston, si j'étais votre épouse, je mettrais du poison dans votre potage...
– Nancy, si j'étais votre époux, je le boirais.

Autre dîner.
Une étourdie lance à Churchill :
– Ah Winston ! Imaginez-vous un instant avec ma beauté et votre intelligence...
– Ah ma chère ! Imaginez-vous un instant avec votre intelligence et ma beauté.

Sur Clement Atlee,
le successeur de Churchill au poste de Premier ministre en 1945 :
– Un mouton déguisé en mouton.

De Churchill au général Montgomery,
qui vient de lui déclarer que " la familiarité engendre le mépris " :
– Permettez-moi de vous rappeler que sans une certaine familiarité, nous n'engendrerions rien du tout.

Lors de ses premiers pas politiques,
Winston tente de se laisser pousser la moustache. À un thé chez sa mère, une amie de celle-ci murmure à Jennie qu'elle n'aime ni la politique de son fils ni sa moustache. Winston l'entend, et aussitôt cingle l'impertinente d'un :
– Madame, je ne vois rien qui exige que vous entriez en contact ni avec l'une ni avec l'autre.

A LA DENT DURE

De Churchill,
le jour de ses 80 ans,
à la Chambre, à un député
qui venait de chuchoter
à son voisin, se croyant hors
de portée de voix : " Il paraît
que le vieux est gaga ! " :
– En effet, et il paraît
même qu'il devient sourd.

Sur le courage :
– Prenez le marin le plus courageux,
l'aviateur le plus intrépide,
le fantassin le plus audacieux,
et rassemblez-les autour d'une table.
Qu'est-ce que vous obtenez ?
La somme de leurs peurs.

Sur les traditions dans la Royal Navy :
– Les traditions
dans la Royal Navy ?
On les connaît : fouet,
rhum et sodomie.

Encore sur Atlee :
– Une voiture vide s'arrêta
à Downing Street.
Monsieur Atlee en
descendit.

Churchill tombe sur son cousin Londonderry,
vieil adversaire politique,
qui lui demande :
– As-tu lu mon dernier livre ?
– Non, je ne lis que par plaisir
ou par intérêt.

Lord Randolph Churchill père du Bulldog

Conserver, disent-ils. Savez-vous qu'aujourd'hui à Londres on peut encore faire patiner ses souliers à l'os de daim ? Qu'Edouard VII, un jour qu'il pleuvait aux courses, inventa les revers de nos pantalons en retournant le bas des siens pour leur éviter la boue ? Que le fameux parfumeur Penhaligon's faisait déjà les délices de la Cour en 1730 ? Que si le *trench coat* – littéralement : manteau de tranchée –, porte des anneaux à la ceinture, c'est parce qu'en 14-18 les officiers y accrochaient leurs grenades ? Que chez Lords vous attendent les mêmes chemises à rayures qui se portaient vers 1905 ? Que Swaine and Hadeney seraient honorés de vous confectionner un parapluie en soie avec parements d'or et d'argent ? Que... que... Mais embarquons-nous pour la ville sainte de l'intégrisme vestimentaire.

Saville Row. Célébrissime rue de Mayfair, olympe de ces dieux du ciseau : Poole (déjà Napoléon III lui sacrifiait), Nutter, Huntsman, etc. Flanelles onctueuses, prince-de-galles aux carreaux divinement raccordés, "tombé" des épaules époustouflant. Exclusivement sur mesures. Prix : démesurés.

Burlington Arcade. Une galerie de Piccadilly rose comme Barbara Cartland, avec du vert. Les régiments de la Garde s'y fournissent en brimborions à leurs couleurs. Cashmeres précieux, gants, bijoux anciens, chaussures de rêve.

À FASHION CITY

Saint-James's Street. Vous aimez vivre sur un grand pied ? Voici John Lobb, le chausseur de la Reine et de Churchill. Après prise de vos mesures, comptez 6 mois. Tarifs ? Évitons les émotions.

Jermyn Street. Vous ne vous sentirez plus chez Floris, le parfumeur de Victoria. Vous vous chapeauterez chez Lock, où déjà se couvrait le prince des dandys, Brummel. Mais craignez le ridicule de demander chez Lewyn une "cravate Eton ou Harrow" ; d'abord on ne vous la vendra pas, et vous pàsseriez pour ce que vous n'êtes pas. Un Français mal élevé.

Pall Mall. Vous ne voulez pas porter les toiles huilées de tout le monde ? Entrez chez Hardy, en face du palais de Saint-James, les leurs sont uniques. Ils font aussi de superbes cannes pour le saumon. Accueil parfait.

Knightsbridge. On trouve tout, absolument tout dans ce magasin, bijou de la civilisation occidentale : Harrod's. Du tweed le plus rare aux chaussettes encore tricotées main en Écosse, du jodhpur en whipcord au pardessus en vigogne... Et accessoirement, du cercueil au boa constrictor.

Quelques jours avant le 11 décembre 1936, qui aurait imaginé que le si brillant Ministre de la Guerre de 1919, le si énergique Chancelier de l'Échiquier[1] briseur de grèves de 1926, l'as du *Shadow cabinet*[2] Baldwin de 1930, le si clairvoyant député presque constamment réélu depuis 35 ans se retrouverait en ce jour funeste au milieu de nulle part ?

Le 2 décembre, le très révérend Alfred Blunt, évêque de Bradford, déplore publiquement le "manque d'assiduité du Roi à l'église". Le lendemain, tout le Royaume s'arrache les journaux.

Ceux-ci font non seulement des gorges chaudes de l'épiscopale admonestation au souverain, mais ils en profitent pour faire des révélations sur la vie intime de Sa Majesté. Ce qu'on apprend ? Edouard VIII, qui a succédé à son père George V en janvier, a pour camarade de jeux une certaine Wallis, roturière, américaine de surcroît, laquelle s'apprête à divorcer d'un second mari, l'obscur Mr Simpson. Jusque là, rien que de bénin. Wallis est loin d'être la première maîtresse du jeune roi, et d'ailleurs tout le monde, y compris l'Église, accorde à celui-ci le droit de dépenser son exubérance comme il l'entend. Mais il y a plus grave. Edouard est tombé fou amoureux de la Baltimorienne, au point qu'il s'est mis en tête de... l'épouser. "Good Heavens !" s'étrangle l'Autel en la personne de son patron opérationnel, l'archevêque de Canterbury, qui se souvient toutefois que le Roi est le chef suprême de l'Église d'Angleterre. Et si l'on s'arrangeait ? "Ok pour la maîtresse, Sire, pas pour la femme du Roi !". "Mais que nenni !", se courrouce le Trône, "sitôt le divorce prononcé, j'épouse !". Un mariage morganatique[3] ! Avec une femme deux fois divorcée ! Une Américaine ! Une snob ! Le scandale est patent. La Reine mère Mary écume, la Cour trépigne, tout ce que compte *Fleet Street* de politiquement correct, *Times* en tête, dresse l'opinion contre le royal amateur de chair mûre. Atterré, Stanley Baldwin, le Premier ministre conservateur, appuie l'Autel en adjurant le Trône d'abandonner ce projet impie, pire : inconstitutionnel. Ou alors, c'est... l'abdication. Pris entre sa passion et son devoir, Edouard temporise. Wallis le tient. Lui, c'est un jouisseur et, bien qu'intelligent, un faible ; s'il fit un charmant Prince de Galles, il n'a pas vu sans terreur la lourde Couronne d'Angleterre se poser sur sa tête légère. Mais en quelques jours la pression devient si forte, sa solitude si noire que, presque soulagé, il finit par céder. Et Churchill ?

Eh bien "il va vomir au milieu du plancher !" (William Manchester). Par affection pour Edouard qu'il connut tout enfant, parce qu'il le voit désemparé, parce qu'aussi, estime-t-il, l'honneur le lui commande, Churchill défend avec la plus grande force et le mariage et le maintien sur le Trône. Posture typiquement churchilienne : seul contre tous ! Hélas, cette fois-ci le généreux aveugle le politique. Ses adversaires le harcèlent, allant jusqu'à prétendre que si ce "*has been*", cet homme fini, prend ainsi le parti du Roi, c'est à seule fin de fonder le "parti du Roi", autrement dit le sien, à lui, Churchill, à partir de l'espèce de coalition qu'il tente avec plus ou moins de bonheur de rassembler sur son nom depuis 1934. Le Bulldog aurait-il perdu son flair ?... L'après-midi de ce 11 décembre, donc, Churchill arrive à la Chambre un peu plus "chargé" que de coutume après un formidable déjeuner avec des amis français. Baldwin, l'air mystérieux et roublard, est en train de balader l'Assemblée, lui affirmant que "Sa Majesté réfléchissait encore", alors que justement Elle avait pris sa décision. Un piège ? Winston bondit, interrompt en

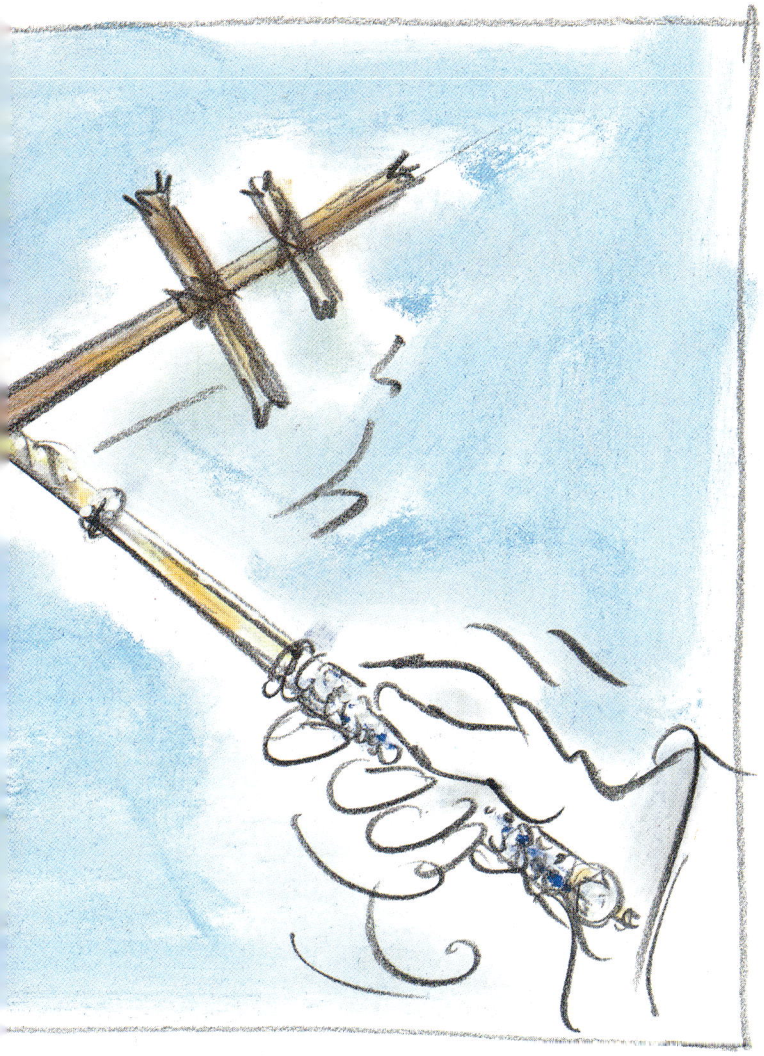

plein discours le Premier ministre – démarche inouïe –, et, entre deux éructations de champagne, il proclame une fois de plus son soutien à celui qui n'est plus le Roi d'Angleterre et pas encore le Duc de Windsor. Explosion dans les travées ! "Vendu !... Escroc !... Dehors !... Finissons-en !...", hurle la Chambre déchaînée. Du jamais vu. Winston s'effondre. Il y a de quoi : lui qui vient de mettre deux ans à remonter sa pente politique, il vient de la dégringoler en deux minutes.

1 *Chancelier de l'Échiquier*. Ministre des Finances. Churchill, d'abord battu à Westminster sous étiquette "indépendant" – second retournement – en mars 1924, avait été réélu à Epping en novembre sous celle de "constitutionnaliste". Troisième retournement... Commence alors sa traversée du désert qui ne prendra fin qu'en septembre 1939.

2 *Shadow Cabinet*. A chaque alternance, l'opposition récemment battue forme ce que l'on appelle le "cabinet de l'ombre", composé exactement à l'identique du cabinet qui gouverne, dont il suit et critique au jour le jour la politique. En 1931, Churchill en a démissionné après sa réélection à Epping comme conservateur. Quatrième retournement... En 36, Baldwin, revenu au pouvoir, est devenu pour Churchill un adversaire.

3 *Mariage morganatique*. "Se dit de l'union contractée par un prince et une femme de condition inférieure, et de la femme ainsi épousée, qui ne bénéficie pas de tous les droits accordés à l'épouse." (Petit Robert). Exemple français le plus fameux : le mariage morganatique et secret de Louis XIV et Mme de Maintenon.

HEIL MOSLEY !

Déjà fascinée par l'irrésistible ascension d'Adolf Hitler, une certaine Angleterre frémit d'aise en apprenant son arrivée au pouvoir en janvier 1933. Dans les années qui suivent, un incroyable engouement pour la nouvelle Allemagne s'empare des milieux dirigeants, de la haute société et d'une bonne partie de la presse. Le nazisme n'est-il pas le meilleur rempart contre le communisme ? Hitler ne clame-t-il pas sa volonté de paix ? L'Allemagne nationale-socialiste ne donne-t-elle pas un magnifique exemple d'énergie aux démocraties épuisées ? Jamais on n'a autant voyagé entre Londres et Berlin. On va au congrès de Nuremberg comme aux courses à Ascot ; on vante "les origines aryennes de nos deux races" ; on acclame Sir Oswald Mosley, le leader fasciste marié à Unity Mitford, cousine de Winston et très fidèle "compagne de route" du Führer. Et qui de se laisser pendre une mèche sur le front, qui de planter une croix gammée dans sa cravate... Le virus infecte même un Londonderry, marquis et lui aussi cousin de Winston, un Duc de Windsor et Madame, qui sont fort aimablement reçus par Hitler, un Neville Henderson, ambassadeur près le Reich et ami personnel de Goering. Quant à Churchill, il y a longtemps qu'il a compris : le danger n'est pas rouge, mais brun. Dès 1932 il alerte, il tempête, il secoue les Communes. Rien à faire, la mode est au brun. Et puis voici que des réfugiés parlent d'exactions anti-juives, de camps de concentration, de réarmement secret. Churchill redouble son tir, ses obus percutent enfin les consciences, des certitudes s'écroulent... Peu à peu un rassemblement se noue autour de lui, regroupant les *Tories*, les Libéraux, les Travaillistes les plus lucides sur le péril hitlérien. Pour Churchill le retour aux affaires semble imminent quand soudain, le 11 décembre 1936, il a quelques mots de trop...

HOME SWEET HOME
.Winston is back...Winston is back...Winston is bac

"… BLOOD, TOIL, TEARS AND SWEAT"

Winston is back... Winston is back... Winston is back... Winston is back... Winston is back...

"BRING HIM BACK–IT'S YOUR LAST CHANCE"

"… Winston de retour… Winston de retour". Le 1er septembre 1939, c'est l'effervescence dans la Royal Navy : un câble annonce que Churchill reprend la barre à l'Amirauté. Quarante-huit heures plus tard la Wehrmacht envahit la Pologne, et immédiatement l'Angleterre et la France déclarent la guerre à l'Allemagne. C'est l'opinion publique, brutalement éclairée sur les mérites de la "politique d'apaisement" menée face à Hitler par le très pacifiste Premier ministre Chamberlain, qui a exigé que Churchill entre au gouvernement. Quel *come back* !* Le grand imprécateur, lui qui du fond de son gouffre politique a fatigué l'*Establishment* de ses avertissements, le réprouvé que le *Times* traîne chaque matin dans la boue, ce pelé, ce galeux, cet homme "finished", reçoit lors de son discours d'investiture à la Chambre un accueil délirant. Cependant, si son arrivée à la tête du ministère le plus essentiel à la survie de l'Angleterre constitue pour le nouveau Premier lord une éclatante revanche, en même temps qu'un hommage à son sens de l'état et à son talent, une autre destinée attend Churchill. Le 10 mai 1940, alors que depuis l'aube les divisions blindées d'Hitler attaquent à travers les Ardennes, Chamberlain, jugé incapable par la Chambre de diriger la guerre, est remercié, et le roi George VI appelle l'inflexible lutteur au poste suprême. Le jour même, devant les Communes statufiées d'émotion, ces paroles dignes d'un vieux Romain tombent de la bouche du descendant de Marlborough : "Je n'ai rien d'autre à vous offrir que du sang, de la peine, des larmes et de la sueur." ("*… blood, toil, tears and sweat.*"). Winston a 66 ans. Enfin il touche au but de sa vie, le pouvoir, enfin le fils a vengé le père, tout est bien. Après ce stupéfiant, ce fabuleux coup du sort qui fait entrer Churchill dans l'Histoire, "je me couchai avec une joie sereine, et dormis d'un sommeil sans rêve", écrira-t-il avec simplicité… Le 28 mai, l'armée belge capitule. Du 27 mai au 4 juin, la Royal Navy, dans un prodige d'organisation, réussit le "Miracle de Dunkerque" : le rembarquement, au prix de tout son matériel, du corps expéditionnaire britannique en France, soit 335 000 hommes, y compris quelques milliers de Français. Le 22, la France demande l'armistice à l'Allemagne. Cinq jours auparavant, "la croix la plus lourde que j'eus à porter dans cette guerre, la croix de Lorraine" (Churchill) avait atterri à Londres en la personne d'un grand échalas de général à deux étoiles – provisoires ! –, un certain de Gaulle, Charles. Le 10 juillet, les premiers oiseaux à croix gammée s'envolent, objectif : briser les ailes de la Royal Air Force. Ils vont s'y casser le bec…

* Après sa démission du *Shadow cabinet Baldwin* en 1931, et tout en gagnant ses réélections de député conservateur, Churchill n'occupa plus aucun poste ministériel pendant presque 9 ans.

"METTEZ L'EUROPE À FEU !"

"Au sommet, tout est simple", note Churchill. Dès son arrivée au 10, Downing Street, siège du gouvernement, le champion de la liberté se mue en dictateur. Aux membres du cabinet la conduite démocratique des Affaires intérieures, à sa poigne d'acier les rênes de la guerre. Une poigne qui organise, rassemble, soumet, galvanise. Souvent revêtu de sa "tenue de sirène", une étrange combinaison fermée de bas en haut par un zip, le Bulldog est partout. Dans son poste de commandement blindé, où il travaille 18 heures par jour ; à Birmingham, Glasgow, Plymouth, martyrisées par les bombardements ; en conférence ; aux Communes ; à la BBC, depuis laquelle il fouette la fierté nationale à coups de paroles sublimes – le 20 août 1940, au moment où la RAF est en passe de sauver l'Angleterre : "Jamais dans l'histoire des guerres, autant d'hommes n'ont dû autant à si peu" ; le 10 décembre 1942, après la victoire d'El Alamein : "Ce n'est pas la fin, ce n'est même pas le commencement de la fin, c'est peut-être la fin du commencement..." Dès juillet 40, il ordonne : "Mettez l'Europe à feu !". Aussitôt est créé un nouveau service ultra-secret, le *Special Operations Executive*, qui ne relève que du Premier ministre et de lui seul ; bientôt les hommes du colonel Buckmaster descendent de la nuit au bout de leurs parachutes, par exemple en France occupée ; bientôt – sentinelles effacées en silence, raids-éclairs, renseignements, infiltrations/exfiltrations, intox, crayons explosifs sous les avions, pains de plastic dans les dépôts, ponts qui sautent, aiguillages sabotés –, ça chauffe sur les arrières de l'ennemi...

Churchill proclame : "Tous les cerveaux avec moi !". Immédiatement, les *Think tanks*[1] du professeur Lindemann bouillonnent. Résultats : Enigma[2], la machine à crypter des Allemands est décodée, des radars de plus en plus sophistiqués aident la RAF à nettoyer le ciel, tandis que l'apparition de l'Asdic[3] va permettre aux corvettes de la Royal Navy d'exterminer de l'Atlantique les loups gris de l'amiral Dönitz[4]. Churchill lance : "Coulez le Bismarck !". Le 27 juillet 1941, les 45 000 tonnes du mammouth sombrent à 400 milles de Brest. Soudain, désastre : le 21 juin 1942, les 35 000 hommes assiégés par Rommel à Tobrouk capitulent. Fou de rage, Churchill exhorte Montgomery, le nouveau patron de la 8e Armée, à anéantir le Renard du désert. C'est fait à El Alamein fin octobre. Churchill décide : "Frappons-les où ça fait mal, usines, raffineries, barrages !..." Le 30 mars 1942, mille bombardiers lourds décollent à la tombée de la nuit, direction : l'est. L'enfer change de camp...

1 ***Think tanks***. "Réservoirs à intelligence", groupant une multitude de savants, ingénieurs, techniciens sous la direction du professeur Lindemann, un génie que Churchill aimait et admirait profondément. Sortirent de ces laboratoires hyperconfidentiels par exemple les "Windows", des bandes de papier d'argent lâchées par les bombardiers afin de brouiller les radars adverses ; le "Pluto", un pipe-line sous la Manche destiné à transporter le carburant aux plages du débarquement de Normandie ; le "Gee", une technologie ultramoderne de guidage aéronautique ; les "Mulberries", d'énormes caissons de béton que l'on remorquait depuis l'Angleterre jusqu'à la côte française, où on les coulait pour former des ports artificiels comme celui d'Arromanches ; un système de protection des navires contre les mines magnétiques, etc. Sans parler de la future bombe atomique anglaise...

2 ***Enigma***. Le décryptage du système permit dès avril 1941 de prévenir Staline de l'imminence de "Barbarossa", l'attaque de la Russie, information dont il ne tint aucun compte...

3 ***Asdic***. Système de détection anti-sous-marin. Des ondes sont émisespar le navire-chasseur ; dès que celles-ci rencontrent un obstacle, en l'espèce un submersible, ce dernier les réfléchit, et elles apparaissent en échos dans les amplificateurs du poursuivant, ce qui permet à celui-ci : de mieux localiser son gibier.

4 ***Les loups de Dönitz***. La bataille de l'Atlantique connut son point culminant en 1942 avec 8 000 0000 de tonnes alliées coulées, et son tournant au milieu de 1943, avec l'arrivée de l'Asdic, du radar et des nouveaux porte-avions d'escorte des convois. En tout, 781 sous-marins allemands et 30 000 sous-mariniers ne remontèrent jamais à la surface...

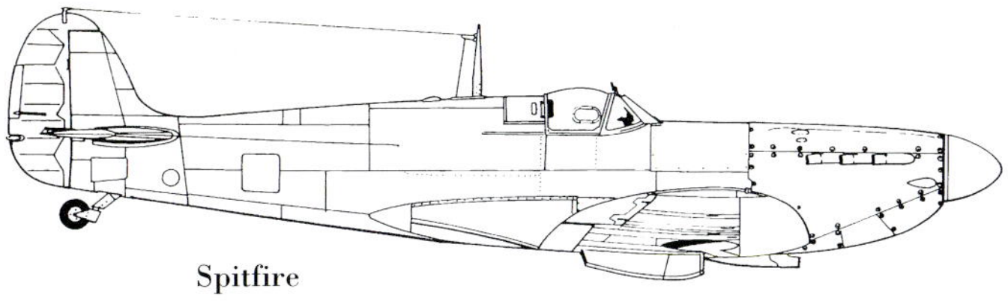
Spitfire

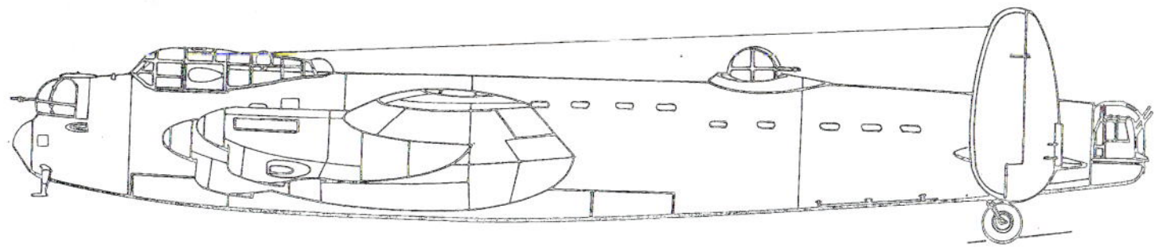
Avro Lancaster

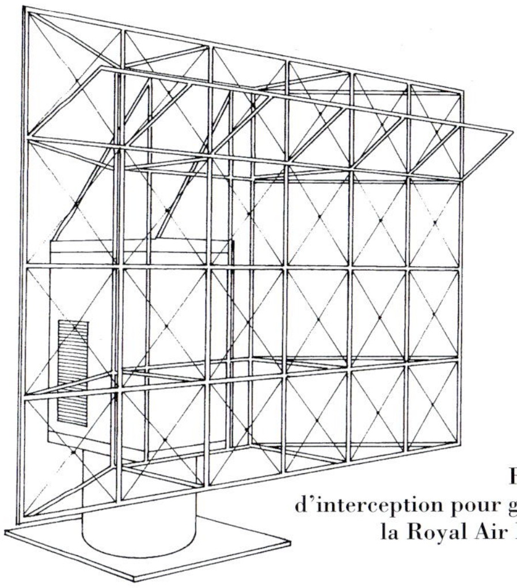
Radar d'interception pour guider la Royal Air Force

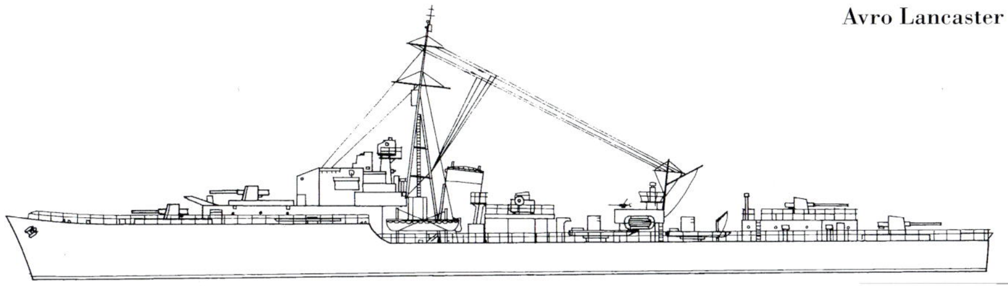
Destroyer d'escorte de la Royal Navy

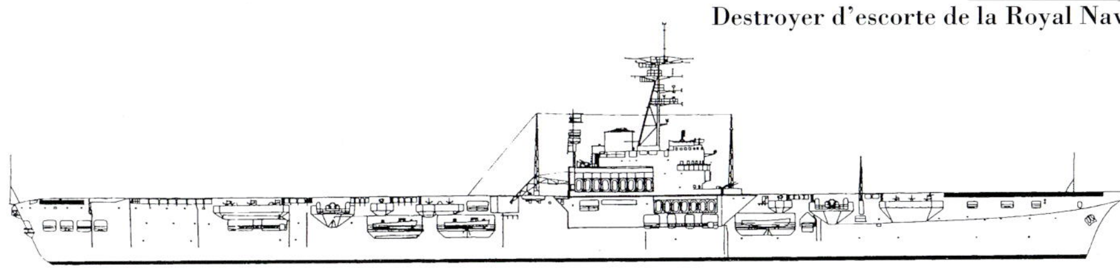
Porte-avion Ark Royal

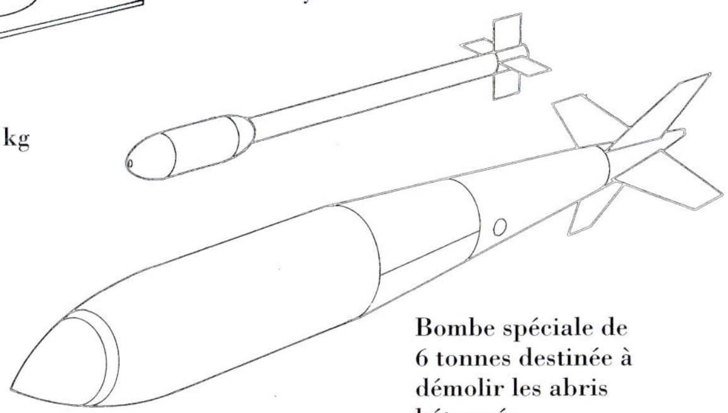
Roquette de 30 kg emportée sous les ailes des chasseurs-bombardiers

Bombe spéciale de 6 tonnes destinée à démolir les abris bétonnés

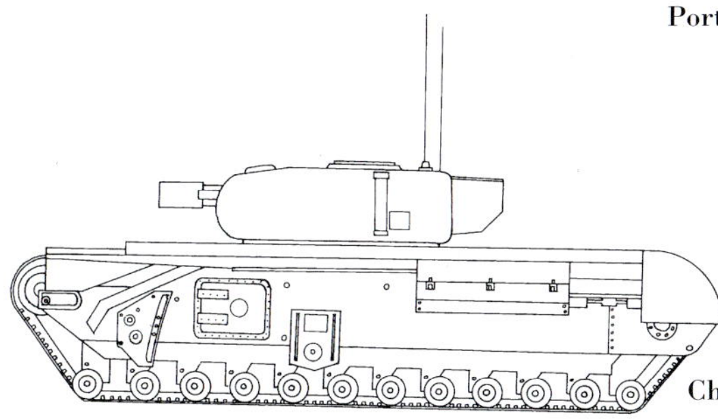
Char Churchill Avre

Bombe de 500 kg

Comparaison des pertes de la guerre
(civiles et militaires confondues)

Allemagne : 4 200 000 morts
Empire britannique : 466 000
Etats-Unis : 298 000
France : 563 000
Italie : 593 000
Japon : 2 500 000
Pologne : 5 800 000, y compris 3 200 000 Juifs
URSS : 18 000 000

À QUOI BON GAGNER LA GUERRE SI C'EST POUR PERDRE LA PAIX ?

La *Luftwaffe* chassée du ciel d'Angleterre au printemps 1941 ; Rommel écrasé fin octobre 1942 ; les Allemands éliminés de Tunisie mi-mai 1943 ; la Sicile libérée en août ; 30 sous-marins ennemis coulés par mois à partir de la même époque... Décidément, la "fin du commencement" est bien engagée ! Nouvelle hantise de Winston, les Russes. Bien sûr ils tuent de l'Allemand, mais plus le brun recule à l'est, plus le rouge avance à l'ouest. Jusqu'où ? À Calais ? Déjà Churchill voit les Orgues de Staline[1] braquées sur Westminster ! Car il les connaît, ses soviets, il les a combattus en 1919, du temps où il était Ministre de la Guerre dans le cabinet Lloyd George. Hélas, ce dernier ne l'a pas laissé aider jusqu'au bout la contre-révolution à éliminer Lénine et ses tueurs de mencheviks[2], de koulaks, de prêtres, de juifs... Une fois encore, Churchill voit plus loin que le bout de son havane ; il affirme que pour battre plus vite les Allemands, tout en évitant qu'un jour la faucille et le marteau ne remplacent la croix gammée à Sofia comme à Bucarest, à Belgrade comme à Budapest, Prague ou Varsovie, il faut frapper l'Europe au "ventre mou". Les Balkans. Refus de Roosevelt, l'allié américain, lequel, subjugué par le maître de la Russie, se refuse à voir une quelconque terreur stalinienne succéder en Europe à la barbarie hitlérienne. "Nous débarquerons en Normandie et en Provence, pas ailleurs", décide Roosevelt. Churchill cède. Trop dépendant des États-Unis, il leur abandonne la conduite stratégique de la guerre. Une guerre de plus en plus terrifiante. Un tapis de feu s'abat sur l'Allemagne, des villes entières se volatilisent sous de formidables bombardements, par exemple Dresde en février 1945, rasée au phosphore, 250 000 morts en deux nuits, plus qu'à Hiroshima 6 mois plus tard. Juin 1944. Après le débarquement allié du 6, la Normandie n'est plus qu'un chaudron de mort. Les Allemands résistent pendant plus de 2 mois, mais taillés en pièces par les chasseurs-bombardiers, perdant par exemple plus de 50 000 hommes en quelques jours à la bataille de Falaise, leurs débris finissent par reculer jusqu'à la Seine, jusqu'à l'Alsace. Paris ? Libéré par Leclerc. Lyon ? Dépassé par de Lattre après sa chevauchée depuis la Provence où il a débarqué le 15 août. Décembre 44. Sous un ciel bas, contre-offensive allemande à travers les Ardennes. L'avance est foudroyante, les Américains encerclés, le désastre imminent. Soudain, miracle : du soleil ! Au matin du 3 janvier, la massacre commence : sous les obus des chasseurs-bombardiers qui de nouveau peuvent décoller, les chars allemands s'allument par centaines. Hitler a perdu son dernier pari. On entre en Allemagne... Cauchemar, nausée. Des montagnes de cadavres accueillent les Occidentaux au seuil des camps de travail et d'extermination, Bergen-Belsen, Mauthausen, Buchenwald. En Pologne on touche aux cimes de l'épouvante. À Auschwitz, à Maïdanek, à Chelmno, des morts-vivants de 40 kilos balbutient le martyre de leurs frères, les Gitans, les Arméniens, les Russes, les résistants, les politiques, les homosexuels, les fous. Les Juifs... 5 700 000 morts. Et tant d'autres *untermenschen*[3] exterminés par la race des "saigneurs". Le 26 avril 1945, les Occidentaux sont sur l'Elbe, les Soviétiques à Berlin. Le 30, Hitler se suicide dans son bunker. Le 8 mai, dans une petite école à Reims, le rideau tombe sur le IIIe Reich. En attendant qu'un autre s'abatte en plein cœur de l'Europe.

Le rideau de fer[4].

1 *Orgues de Staline.* Lance-roquettes multiple à effet de saturation monté sur camion.

2 *Mencheviks, koulaks.* Opposants sociaux-démocrates et propriétaires terriens que Lénine et après lui Staline anéantirent par dizaines de millions dans les années 20-30. En 1919, Churchill avait envoyé des troupes et des armes pour appuyer les Armées Blanches anti-bolcheviques.

3 *Untermenschen.* Les "sous-hommes".

4 *Le rideau de fer.* L'expression est de la bouche même de Churchill. Elle désigne l'espèce de frontière infranchissable qui séparait la zone d'influence soviétique du reste de l'Europe, jusqu'à ce que disparaisse son plus terrible symbole, le mur de Berlin.

RETOUR AU CHARBON

Assez ! Assez de sang, de peine, de larmes et de sueur... Las d'avoir tant fourni et si peu reçu depuis 30 ans, les Anglais décident aux élections de juillet 1945, de remercier les Conservateurs de Churchill, et ils offrent le pouvoir aux Travaillistes de Clement Atlee. À la légende vivante qui les a menés à la victoire, ils ont préféré un projet qui va les emmener vers la félicité. Enfin la justice et l'égalité ! Enfin la démocratie sociale !... Rail, gaz, électricité, canaux, Banque d'Angleterre : comme promis dans son programme, Atlee nationalise au plus vite, le tout sur fond de surenchère syndicale étayée de grèves interminables dans les mines, les chantiers navals, les ports, etc. Les restrictions alimentaires[1] deviennent terribles, à peine adoucies par le *corned beef*[2] et le lait concentré du plan Marshall. Et Atlee de dévaluer la livre de 30 %, et d'augmenter lourdement les taxes, en

26 octobre 1951.
Exit Atlee, retour au pouvoir pour le vieux Bulldog. Mais après la première bombe "A" anglaise, le couronnement d'Élisabeth II, l'ordre de la Jarretière, le titre de "Sir" et le Nobel, ses 80 ans lui conseillent d'arrêter, et Winston quitte pour toujours le 10, Downing Street le 5 mai 1955.

1 *Restrictions alimentaires.* Le rationnement, établi en 1940, ne sera levé qu'en 1954.

2 *Corned beef.* Le bœuf en boîte, qui inonda l'Europe dans le cadre du plan Marshall, un programme américain d'aide alimentaire et à la reconstruction de plusieurs milliards de dollars.

6 FÉVRIER 1952.
Le Roi est mort, vive la reine Élisabeth II ! Cadet d'Edouard devenu Duc de Windsor, George VI sut rendre avec grande classe sa dignité au Trône d'Angleterre. La nouvelle Reine a épousé Philip, prince grec fait Duc d'Edimbourg afin de mieux orner sa fonction de Consort.

particulier les droits de succession, et de laisser filer l'inflation qui flirte avec les 30 % par an. La balance commerciale penche du mauvais côté ? Peu importe aux Travaillistes qui poursuivent obstinément la réalisation de la grande mission qu'ils se sont assignée au début du siècle : l'avènement du "*Wellfare State*", l'État Providence. Voici donc en 1946 le *National Insurance Act*, loi qui crée un système complet d'assurances chômage-maladie-retraite-décès-maternité-accidents du travail. Quant à la santé, désormais considérée comme un droit pour tous, elle est bientôt protégée par le *National Health Service*, le fameux Service National de la Santé, qui donne à tous l'accès gratuit à tous les soins, financés par les impôts et les salaires de tous...

Cela s'appelle l'Angleterre de l'après-guerre. Une très ancienne géante devenue petite-bourgeoise.

COMME EÛT PU L'ÉCRIRE SHAKESPEARE, IL N'EST PIRE QU'UN EMPIRE QUI EXPIRE

Du jour de septembre 1945 où le gouvernement de Sa Majesté proclama que l'Inde serait indépendante "aussitôt que possible", c'en était fini du grand lion impérial. En l'espace d'une vingtaine d'années la cage où on l'avait enfermé, le *Commonwealth*[1], tomba en morceaux, ses rugissements se firent quinteux, et de sa magnifique crinière il ne resta que lambeaux. Fini le Kenya, les bois d'hibiscus, les nuits à Malindi sous la brise du récif, les lacs roses sous les vols de flamants, les express de chez Holland and Holland pour le rhinocéros, la laque vert-sombre des collines couvertes de théiers, Nairobi et ses bougainvillées, out of Africa en 1963. Adieu l'Égypte, les grands palais blancs sur le Nil, les *garden-parties* sous les orchidées d'Alexandrie, le canal où coulaient à millions les livres sterling, le roi Farouk[2], ses Rolls, ses cigares, ses femmes, bonjour Nasser en 1952. Bonne chance, perle la plus fabuleuse de la Couronne, Inde-femme, parfums de safran sur des chairs ocres, silence, nonchalance, pluies immenses gonflant des fleuves d'or, histoire d'amour morte en 1947. *Good bye* Ceylan, le Soudan, la Guinée... Percé de douleur par l'écroulement de cet Empire qui porta si haut la grandeur de l'Angleterre et fit la gloire de Churchill, Winston pleure en silence son monde perdu, méditant peut-être cette réflexion de Paul Valéry : "Nous autres, civilisations, nous savons que nous sommes mortelles."

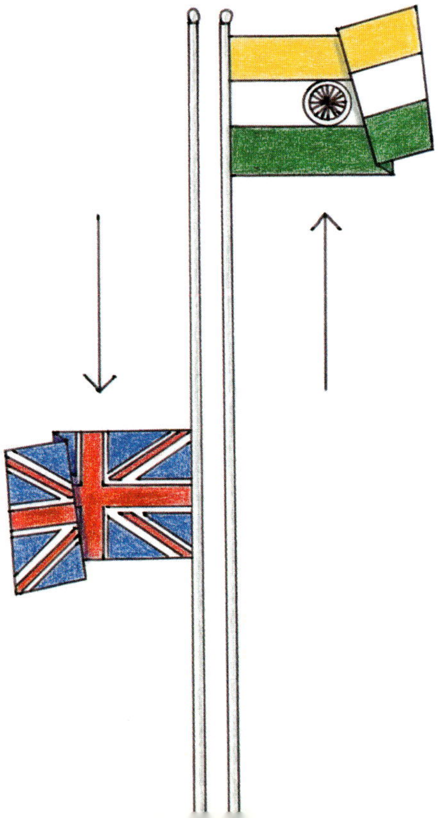

De l'Inde-dépendance à l'émancipation

Novembre 1931. Il pleut ce soir-là, et vers 17 h 30 un petit moustachu vêtu d'une robe blanche sort en sandales de Buckingham Palace. Gandhi vient de prendre le thé avec le roi, qui a trouvé le mahatma – la "Grande âme" – très sympathique. Onze ans plus tard, un mot d'ordre fait le tour du "Raj", l'empire indien : "Quit India !". Les Anglais, qui ont d'autres préoccupations en 1942, font les sourds. Les manifestations non violentes organisées par Gandhi prennent de l'ampleur, les Anglais, surpris par le mouvement, n'osent réprimer cette pacifique multitude ; et le chantage marche. En 1946 Lord Mountbatten est nommé vice-roi, et le 15 février 1947 il signe la fin de 163 ans de domination anglaise sur l'Inde.

1 *Commonwealth*. Fiction juridico-morale créée en 1931 pour regrouper sous la forme d'une fédération librement consentie une quarantaine d'états sortis de l'Empire britannique, mais encore inféodés à la Couronne.

2 Farouk, Nasser. Farouk, dernier roi d'Égypte, fut obligé d'abdiquer par un "Groupe d'Officiers Libres" animé par Nasser, le *Raïs* (le « Chef »).

How do you explain your longevity ?

NO SPORT

1874. Naissance de Winston Churchill.

1888-1892. Études à Harrow.

1893-1900. École militaire de Sandhurst : 4e régiment de hussards. Cuba. Indes. Soudan. Afrique du Sud. Prisonnier des Boers. Évasion. Sert contre les Boers. Député conservateur.

1901-1906. Premier discours aux Communes. Passe au parti libéral. Ministre des Colonies. Député Libéral. Voyages.

1907-1911. Voyages. Ministre du Commerce. Mariage. Réformes sociales soutenues par Winston Churchill. Réélection à Dundee. Ministre de l'Intérieur. Premier lord de l'Amirauté.

1912-1918. Discours de Belfast sur le Home Rule. Bataille d'Anvers. Les Dardanelles. Démission. Chef de bataillon. Démission de l'Armée. Ministre des Munitions. Réélection à Dundee.

1919-1923. Ministre de la Guerre. Ministre des Colonies. Démission du cabinet L. George. Défaite à Dundee, à Leicester. Voyages.

1924-1927. Démission du parti libéral. Défaite à Westminster. Élu à Epping. Chancelier de l'Échiquier. Retour chez les Tories. Rencontre avec Mussolini.

1928-1938. Réélu à Epping. Voyages. Accident à New York. Nombreux discours anti-nazisme. Réélu à Epping. S'engage pour Edouard VIII. Rencontre avec Ribbentrop. Discours anti-accords de Munich.

1939-1945. Premier lord. Premier Ministre. Voyages. Chef de guerre. Bataille d'Angleterre. Voyages. Conférences de Casablanca, de Téhéran. Pneumonie. Rencontres avec Tito, Staline, Roosevelt. Yalta. Conférence de Postdam. Leader de l'opposition après l'échec des Tories.

1946-1949. Discours de Fulton. Discours pro-européen à Zurich. Présidence du Congrès Européen. Voyages.

1950-1955. Premier Ministre. Voyages. Attaque cérébrale. Fait chevalier de l'Ordre de la jarretière. Autre attaque. Conférence des Bermudes. Prix Nobel de littérature. Voyages. Démission. Réélu à Woodford.

1956-1965. Rencontre avec Kroutchev. Réélu à Woodford. Citoyen d'honneur des États-Unis. Adieu aux Communes. Décès. Funérailles nationales.

LES VOYAGES FORMENT LA VIEILLESSE

Cinq avril 1955. Winston a beau abandonner le pouvoir, il ne renonce en rien à l'autre grande affaire de sa vie, les plaisirs. Et à 81 ans, l'homme d'état qui a probablement le plus de tours du monde dans son sac se remet de plus belle à rouler, à voler, à naviguer. Syracuse l'accueille en vacances avec Clementine, Marrakech avec ses pinceaux, Cap d'Ail avec son nouveau titre de Citoyen d'honneur. Hier à Woodford pour sa réélection – la quinzième ! –, aujourd'hui à Madère, demain à l'Hôtel de Paris, il crève les paparazzi. On aperçoit son havane à bord du Cristina, le palais flottant de l'armateur Onassis, au Palm Beach où il flambe, à Beaulieu où il gastronomise, à Juan où il se promène sous les pins. Clemmie, la bonne fée, veille. Bien entendu, il est hors de question d'abandonner les vieux amis, *Romeo y Julieta*, et Pol Roger...

Juin 1962 : Monsieur se permet une fracture à Monte-Carlo, d'ailleurs vite remise à Londres. Avril 1963, Washington : re-citoyenneté d'honneur. 28 juillet 1964, Londres : adieu grandiose aux Communes. Mac Millan, Premier ministre, rend hommage au grand homme en lui retournant ses propres paroles : "Dans la guerre, de la résolution ; dans la défaite, du défi ; dans la victoire, de la magnanimité ; dans la paix, de la bonne volonté". Trente janvier 1965, cimetière de Bladon : l'ultime voyage...

ANNÉES 60. LA NATION DU GRAND

LARGE À NOUVEAU DANS LE VENT

Les funérailles nationales que les Anglais firent à Churchill allaient-elles sonner le glas de l'Angleterre éternelle ? Soudain, toutes les oreilles se tournèrent vers Liverpool, où quatre chevelus devinrent à la vitesse d'un accord de rock "plus connus que le Christ" sous le nom de Beatles. Tout Paris se mit à foncer en Mini Austin, et les hanches roulèrent sous les mini-jupes de la styliste Mary Quant. On entendit cent langues aux concerts géants de l'Île de Wight, Haré Krishna vint jusqu'à Hyde Park agiter ses clochettes, et tandis que de Berlin à New York la "*permissive society*" devenait le nouvel art de vivre, le top model Twiggy et ses seins de garçon faisaient le tour de la planète en couvertures des magazines.

L'antique pays sentait le soufre et le *shit*, mais le vieux Winston pouvait dormir tranquille.

L'univers à nouveau humait le parfum de l'Angleterre.

Jean-Louis Blanc
Il aime Chateaubriand, la viole de gambe et les pieds et paquets à la marseillaise, ce qui montre combien ce grand nostalgique est loin des "frivolités de la modernité", comme il dit. Se présentant lui-même comme un "amateur de perfection", il ne cesse de la poursuivre en pêchant le saumon à la mouche, en faisant la cuisine ou en collectionnant les belles carabines anglaises. Son vœu le plus cher ? Qu'au terme de ce petit périple en Churchillie, vous vous sentiez devenu comme lui. Un churchillomane...

Nicole Verrechia
Première femme directrice artistique dans la publicité parisienne, ce Rastignac en jupons eut non seulement le talent de réussir dans un milieu peu réputé pour son féminisme, mais aussi celui de ne jamais s'y faire d'ennemi. À l'instar de Churchill, elle n'a que mépris pour le sport. Elle préfère lire Ed McBain ou David Goodis dans le texte, à moins qu'elle ne prépare le souper pour quelque heureux, en femme qui sait ce qu'une omelette aux truffes veut dire...

Dépôt légal : avril 1998
ISBN : 2 7404 0734-3

BIBLIOGRAPHIE

François Bédarida,
La Société Anglaise du milieu du XIXe siècle à nos jours, Éd. du Seuil, 1990.
L'ère Victorienne, PUF, 1993.
Farid Chenoune,
Des modes et des hommes, Flammarion, 1993.
Randolph Churchill,
Winston Churchill (2 tomes), Stock, 1968 et 1969.
Sir Winston Churchill,
Mes jeunes années, Le Club Français du Livre, 1965.
Journal Politique, 1936-1939, Amiot-Dumont, 1948.
The River War, Prion, 1997.
Eddy Florentin,
Stalingrad en Normandie, Presses de la Cité, 1994.
Jonathan Garnier Ruffer,
Edwardian Shooting Parties, Quiller Press, 1997.
Martin Gilbert,
Churchill, a photographic portait, Penguin Books, 1974.
Jean Guiffan,
Churchill, Masson, 1978.
Patricia Kinder-Gest,
Les Institutions britanniques, PUF, 1995.
Georges Lamoine,
Histoire Constitutionnelle anglaise, PUF, 1995.
Anthony Lejeune,
The Gentlemen's Clubs of London, Macdonald and Jane's, 1979.
Sir Basil H. Liddel Hart,
Histoire de la Seconde Guerre mondiale. Fayard, 1974.
William Manchester,
Winston Churchill (2 tomes), Robert Laffont, 1985.
Ralph G. Martin,
Jennie, the life of Lady Randolph Churchill, New American Library, 1970.
Roland Marx,
Histoire de l'Angleterre, Fayard, 1997.
Jean Matrat,
Winston Churchill, Nouvelles Éditions Debresse, 1973.
Michael Mickey,
Gallipoli, John Murray (Publishers) Ltd, 1995.
Paul Morand,
Londres, Plon, 1990.
Alan Moorehead,
Churchill, Hachette, 1961.
Nicholas Mosley,
Memoirs of Sir Oswald Mosley, Secker and Warburg, 1994.
François-Charles Mougel,
La Grande Bretagne au XXe siècle, PUF, 1996.
Thomas Packenham,
The Boer War, George Weindenfeld and Nicolson Ltd, 1979.
Sara Paston-Williams,
The Art of dining, The National Trust, 1993.
Léonce Peillard,
La Bataille de l'Atlantique, Robert Laffont, 1974.
Roy Porter,
London, a Social History, Hamish Hamilton Ltd, 1994.
William L. Shirer,
The rise and fall of the Third Reich, Mandarin, 1960.
Brigitte de Soye-Mitchell,
La Société anglaise, PUF, 1994.
Arthur Ward,
The Battle of Britain, Chancellor Press, 1989.

ILLUSTRATIONS

Jean-Paul Colbus : couverture
Michel Coudeyre : pages 10, 36-37, 54
Bruno Gibert : pages 6, 26-27
Jean Guilmoto : page 30
René Mettler : pages 4, 59
Georges Olivereau : pages 32-33, 53
Poncet de la Grave : pages 28-29, 34-35
Nicole Verrechia : pages 13, 19, 22, 24-25, 31, 49, 58
Weber : pages 27, 45, 48-49, 56-57

PHOTOGRAPHIES

Studio Chevojon/Jean-Pierre Gervaise : pages 10, 31, 37, 38-39, 41, 46-47, 50-51

CRÉDITS PHOTOGRAPHIQUES

© Archive Photos : pages 20, 27, 35
© Artephot/The Bridegeman Art Library : page 26
© BBC Hulton Picture Library : page 40
© Bibliothèque Nationale : page 18
© Consortium Photographers : page 26
© D.R : pages 14-15, 16-17, 40, 42-43
© Fotogram-Stone : pages 8, 11, 18, 27
© The Hulton-Deutsch Collection : page 46
© Hulton Picture compagny : page 12
© Keystone : pages 14, 21
© Keystone View/Sygma/L'illustration : page 37
© PopperFoto : page 50
© Lapi-Viollet : page 56
© Magnum Photos : pages 60, 62
© National Trust Photographic Library/Angelo Hornak : page 41
© Roger-Viollet : page 33
© Selva : pages 8-9
© Still : page 63
© SuperStock : pages 26, 57
© Yvan Travert : page 40

REMERCIEMENTS

À Istvan Varga, iconographe.
À Frédérique Torres, styliste.
À Marway, avec son aimable autorisation pour les pages 42-43.

Composition et réalisation : Studio Ovation
Photogravure : SNO
Impression : Publiphotoffset